목포

D

D

대한민국 도슨트
한국의 땅과 사람에
관한 이야기

03

최성환 지음

21세기북스

목포 행정 지도

인구 21만 5,956명 (2022년 12월 기준)
면적 51.7㎢
행정구분 23행정동

율도

외달도

달리도

서 해

해 남 군

무안군

삼향동

연산동
용해동
상 동
옥암동

목포종합버스터미널

원산동
■ 목포시청
산정동
용당1동
● 목포대학교 목포캠퍼스

북항동
하당동
부주동

죽교동
대성동
용당2동
부흥동
신흥동

●목포해양대학교
연동
이로동
■ 목포경찰서

▲유달산
목원동
● 목포역
삼학동

유달동
동명동
● 목포문화예술회관

목포해상케이블카
● 목포근대역사관
● 갓바위

● 목포종합수산시장
만호동
● 남항

● 목포항
삼학도

● 목포항국제여객터미널

고하도

영암군

N

차례

목포의 눈물

사공의 뱃노래 가물거리며 삼학도 파도 깊이
스며드는데 부두에 새악시 아롱젖은 옷
자락 이별의 눈물인가 목포의 서름
삼백년 원한 품은 노적봉 밑에 임자취 완연
하다 애달픈 정조 유달산 바람은 영산강을
안느니 임 그려 우는 마음 목포의 눈물
깊은 밤 조각달은 흘러가는데 어찌다 옛상
처가 새로워진다 못오는 임이면 이 마음도
보낼 것을 항구의 맺은 절개 목포의 사랑

'목포 도슨트'
최성환

오래전부터 목포 근대문화유산을 탐방하면서 현장 해설 활동을 하고 있다. 전라남도 문화관광해설사, 골목길 해설사들과 협력하여 열심히 지역을 홍보하고 있다. 실내에서 하는 강의보다 현장에서 하는 답사 해설에 청중들의 반응이 더 좋다. 답사 참가자들이 마지막에 늘 하는 말이 있다. "오늘 들려주신 이야기가 책으로 나왔으면 좋겠다"는 것이다.

사실 목포를 소개하는 책을 만들어봐야겠다는 마음을 먹은 것은 상당히 오래전의 일이다. 2003년에 한 라디오 프로그램에서 '최성환의 목포를 말하다'라는 이름으로 총 43회 방송을 진행한 후 이 내용을 단행본으로 묶어서 발간하면 좋겠다는 생각을 했었다. 그런데 실천하지 못했다. 그 사이 여러 연구 서적은 출판했지만, 정작 내 고향 목포를 소개하는 책은 만들지 못했다.

최근 목포 근대문화유산이 전국적인 관심을 받으면서, 목포를 쉽게 이해하고 홍보할 수 있는 책이 있으면 좋겠다는 의견들이 더 많아졌다. 그러던 중 『대한민국 도슨트』 목포 편 집필 의뢰가 들어왔다. 개인적으로 오랫동안 실천하지 못해 쌓인 의무감을 해결할 좋은 기회라 생각하고 수락했다.

사실 기존에 써놓은 글들을 조금 수정하면 쉽게 집필할

수 있겠다는 마음도 있었다. 하지만 막상 시작해보니 어려움이 많았다. 집필 대상지를 선별하는 일도 쉽지 않았고, 원고도 거의 새로 써야만 했다. 목포의 최근 상황이 매우 빠르게 변하기도 했지만, 대상지에 대한 생각도 시간이 지남에 따라 다시 정리할 필요가 있었다. 목포 지방사에 대한 공부를 본격적으로 시작한 것이 1998년부터이니, 이 책은 지난 20년간 얻은 정보와 그동안 숙성된 생각들을 담은 것이다.

역사 전공자의 장점을 살려 공간의 내력과 장소성에 대한 깊이 있는 해설을 담으려고 노력했다. 목포의 공간적 범위는 그리 넓지 않지만, 이야기의 소재는 매우 많다. 모든 것을 개별 주제로 담을 수 없어서, 대표 공간을 설정하고 주변의 이야기를 함께 들려주는 방식으로 서술했다.

늘 스스로를 '행운아'라고 생각한다. 태어나고 자란 곳을 공부하는 일을 직업으로 삼아 살아가고 있기 때문이다. 나의 전공은 한국지방사 연구다. 지금은 목포대학교에서 '지방'이라는 공간에 담긴 역사를 연구하고, 학생들을 지도하는 일을 하고 있다. 학자로서는 더할 수 없는 복을 타고났다. 그 행운과 복을 지역사회와 함께 나누며 살려고 노력하고 있다.

나는 목포사람들이 '큰 시장'이라 불렀던 남교동 중앙공설 시장 안에서 태어났고, 오늘날 '목원동'이라 부르는 원도심에서 자랐다. 목포역, 차 없는 거리, 목포극장, 선창, 콩나물 동네, 유달산, 대반동 해수욕장 등 그 시절 목포의 낭만이 담겨 있는 장소에서 많은 추억을 쌓아 왔고, 지금도 살아가고 있는 목포 토박이다.

대학에서 근무하기 전에는 지방의 문화예술진흥을 주도하는 문화원에서 일했다. 목포문화원과 신안문화원에서 12년간 현장 경험을 쌓으면서 지역 소재 스토리를 발굴하고, 관련된 문화사업을 많이 진행했다. 지역에서 자발적으로 일어나는 문화운동에도 꾸준히 참여했다. 특히 목포 근대문화유산을 보존하고 활용하는 일에 앞장서 왔다. 시민단체와 힘을 모아서 구 동양척식회사 건물과 구 동본원사 건물을 지킨 것이 대표적인 사례다. 반대로 죽동교회, 동양척식회사 관사 등 근대문화유산들이 허무하게 사라지는 현장을 목격하면서 마음 아파했던 기억도 있다.

목포의 근대문화유산이 지역을 문화도시로 만드는 데 도움이 되리라는 신념을 가지고 있다. 그러한 맥락에서, 개항 이후 목포사람들의 근대공간이었던 목원동의 역사탐방로인 '옥단이 길'을 기획하였으며, 문화재청의 목포 문화재 야행사업과 최근 화제가 된 '근대역사문화공간' 조성사업의 최초 계획서 작성에도 주도적으로 참여했다. 대한민국 도슨트 역시 이런 활동들과 맥락을 함께 하는 소중한 작업이다.

낭만 항구, 예향, 섬의 수도, 근대 1번지, 맛의 도시, 슬로시티 등 '목포'를 따라다니는 별칭이 많다. 그만큼 목포가 역동적이고, 함께 나눌 이야기가 많은 곳이라는 뜻일 것이다.

최근 목포에는 관광객들이 급속도로 늘어나고 있다. 지역의 오랜 논란이면서 동시에 숙원이기도 했던 해상케이블카가 개통된 후 그 파급효과가 커지고 있다. 한편으로는 단순히 케이블카만 타고 지나가는 도시가 되지 않을까 염려되는 측면도 있다.

목포는 사람 사는 이야기를 찾아 다니는 인문여행이 잘 어울리는 도시다. 한국 근현대사의 중요한 역사적 현장이기도 하다. 남도 예술과 맛을 자랑하는 항구도시 목포의 속살을 들여다보는 여행객이 늘어나기를 바란다. 부족하지만 이 책이 인문여행을 추구하는 사람들의 좋은 길잡이가 되어줄 것으로 믿는다.

목포에서 최성환

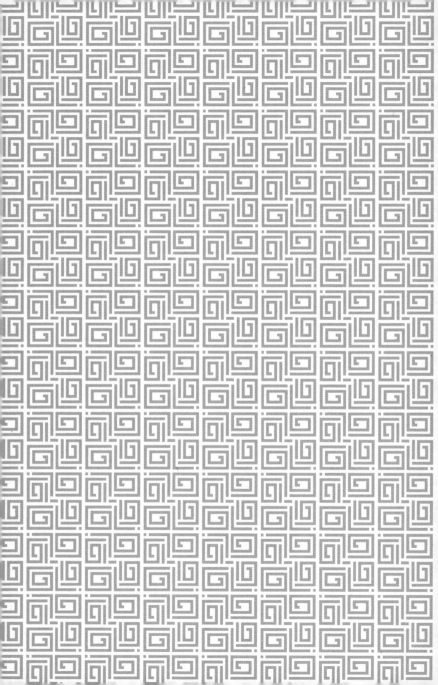

목포는 스스로의 힘으로
오랜 침묵을 깨고
새로운 출발점에 섰다.

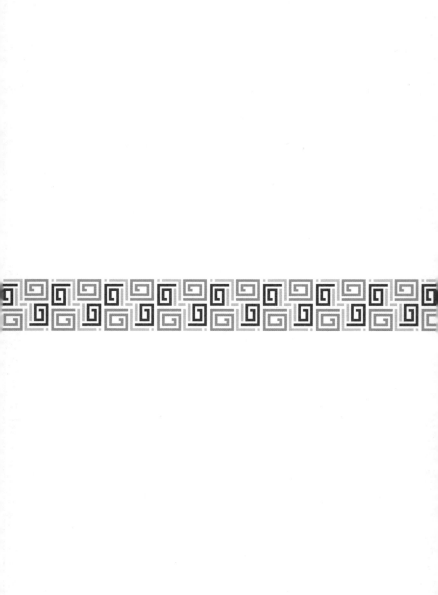

다도해를 품은
서남권의 거점 도시

목포는 영산강의 길목에 자리한 작은 포구에서 출발하여, 1897년 개항 이후 전남을 대표하는 항구이자 상업도시로 발전하였다. '목포(木浦)'라는 이름은 '항구'라는 뜻을 품고 있다. 목포는 한자로 나무 목(木)에 포구 포(浦)를 쓴다. 목(木)이라는 한자 때문에 일제강점기에는 나무가 많은 포구 혹은 목화가 많은 포구로 해석되기도 했다. 이는 일본인들이 자기들 편의대로 목포 지명을 풀어낸 결과다. 일제강점기에 작성된 일본인들의 근거 없는 해석을 해방 후에도 그대로 반복해서 사용하다 보니 지금도 간혹 그러한 명칭 유래가 언급된다.

목포의 '목'은 영산강의 강물이 이곳에 이르러 바다로 들어가는 목이라는 의미다. 반대로 생각하면 바다에서 내륙(영산강)으로 들어가는 목이기도 하다. 즉 목포는 '강과 바다가 만나는 목에 자리한 포구'라는 뜻으로 풀이된다. 조선 시대의 인문지리서인 『신증동국여지승람(新增東國輿地勝覽)』에는 '이곳에 이르러 바다로 들어가는 까닭에 통칭 목포라 부른다'는 기록이 있다. 이처럼 목포는 지리적으로 항구가 들어설 수밖에 없는 운명을 지녔다. 때문에 아주 먼 옛날부터 근대에 이르기까지 항구와 관련된 다양한 역사적 사건들이 이 지역에서 발생했다.

지리적으로 보면 동남쪽은 영산강을 사이에 두고 영암군과 마주하고 있고, 서쪽은 섬으로 이루어진 신안군, 북쪽은 무안군과 경계를 이루고 있다. 서쪽 유달산과 해안가를 중심으로 원도심이 발전하였으며 동쪽 입암산, 북쪽 양을산과 대박산 등이 도시를 감싸고 있다. 행정구역상으로는 23개 동이 있는데, 흔히 목포역 주변과 유달산·선창권 일대를 원도심, 하당 주변을 매립해 새로이 조성된 주택단지와 상가 지역을 신도심이라 부르고 있다.

고대부터 사람 살기 좋았던 땅

목포는 지리적으로 영산강 하류, 즉 전라남도 내륙 지역으로 들어가는 관문이자 해상교통의 요충지이기에 고대부터 사람이 살기 좋은 땅이었다. 목포는 근대도시의 이미지가 강하지만, 현 목포시의 행정구역 내에는 선사시대와 고대의 유적도 남아 있다. 패총·고인돌·고분 등 종류도 다양하다.

목포의 명소인 천연기념물 갓바위 일대가 원래는 패총 유적지다. 패총은 해안·강변 등에 살던 선사시대 사람들이 버린 조개·굴 등의 껍데기가 쌓인 것인데, 갓바위가 연결된 입암산 끝자락에 길이 30m, 너비 10m 규모의 패총 흔적이 확인된 바 있다. 고인돌은 현재 임성지구에 해당하는 석현마을과 신지마을을 구분하는 고갯길의 정상부에 주로 분포해 있다. 석현(石峴)은 순우리말로 '독갓재'라 불렸는데, 쉽게 해석하면 '돌고개'라는 의미다. 돌이 있는 고갯길이라는 뜻인데, 이때의 돌은 고인돌을 칭한다. 아주 오래전부터 이 일대가 고인돌이 많은 곳으로 인식되고 있었음을 알 수 있다. 고인돌이 많다는 것은 사람들이 집단으로 거주했다는 뜻이다. 고분은 옥암동의 초당산 마을 뒤편의 야산 정상부에 주민들이 '말무덤'이라 불러온 곳에 있다. 일명 초당산 고분이라고 하는

데, 삼국시대의 고분으로 추정된다. 최근 서남해안과 남해안 지역의 해로 상에서 중요한 지역에서는 어김없이 당시의 활발한 대외 교류를 입증하는 고분들이 발견되고 있다. 초당산 고분 역시 입지상 그러한 특징과 연관 있는 것으로 보인다.

해양수호 활동의 중심, 목포

조선 시대에 목포는 연안과 도서들을 대상으로 물자 수송과 문화 교류가 이루어지는 '조운로(漕運路)'로였다. 『세종실록지리지』에는 '하도(下道)의 조운이 이곳을 경유하여 서울에 이른다'고 표현되어 있다. 목포는 호남과 경상 남부 지역으로 통하는 세곡 운반로의 길목이었다. 때문에 이 일대에 왜구의 침입이 끊이지 않았고, 이는 수군진(水軍鎭) 설치의 근거가 되었다. 이러한 흐름 속에 1439년 세종이 왜적 침입의 요해처인 목포에 만호(萬戶)를 파견하여 병선을 주둔하도록 지시하면서 수군 기지로서의 목포 역사가 시작되었다.

이후 1597년 정유재란 때 이순신은 명량(鳴梁)에서 승리한 후 전력을 정비하기 위해 여러 지역을 물색하다가 10월 29일 목포 앞바다에 있는 고하도로 진을 옮겼다. 이곳에서 군량미를 비축하고 전선과 군비를 확충한 뒤, 다음 해 2월 17일 완도 고금도로 진을 옮길 때까지 머물렀다.

전쟁의 혼란 속에서 이순신의 조선 수군이 고하도에 자리를 잡은 것은 목포 항구의 중요성을 가장 상징적으로 보여주는 사례다. 고하도는 영산강의 입구에 위치하여 해상교통이 편리하고 영산강 연안의 곡창지대에서 군량을 조달하는 것 또한 용이한 섬이었다. 또한 인근 도서에는 어염이 풍부하였고, 주위의 수많은 도서는 적의 침입 시 전술적으로 활용할 수 있었다. 이러한 역사가 있었기 때문에 목포는 이순신을 기억하고 그 정신을 전승하기 위해 노력하는 도시가 되었다.

일제강점기에 목포는 스스로 바다를 지킬 수 있는 주권을 상실했다. 35년 식민의 역사가 끝난 후 다시 스스로 바다를 지키기 위한 노력이 시작되었는데, 1946년에 설치된 조선해안경비대가 그 새로운 출발이었다. 이는 대한민국 해군의 뿌리이자, 해양경찰의 시작이었다. 중요한 항구 중 하나였던 목포에 조선해안경비대 목포사령부가 설치되었고, 구 동양척식회사 건물이 본부로 활용되었다. 식민지시기에 중단되었던 해상 방어 기지로서의 기능이 부활한 것이다.

이후 해군 관련 시설은 1988년까지 유지되다가, 목포항 맞은편인 영암군으로 이전하였다. 현재 목포 앞바다인 영암군 해안에 대한민국 해군 제3함대사령부가 있다. 이는 이 일대 해역이 지금까지 해양 수호에 중요한 지역임을 상징한다.

1897년 국내 네 번째 개항

근대라는 변화의 시기를 만나 목포는 외국과 무역 활동이 허가되는 개항장으로 변모했다. 1897년을 기준으로 조선 수군진 시대에서 대한제국기의 개항장 시대로 전환되는데, 전후가 단절되는 것이 아니라 목포의 해항성이 새롭게 변화하는 양상으로 이해할 필요가 있다.

목포가 무역항으로 개항된 계기는 1894년 청일전쟁 후 체결된 「잠정합동조관(暫定合同條款)」에 적힌 '전라도 연안에 하나의 통상항을 개설'한다는 규정 때문이었다. 이후 여러 후보 지역을 조사한 끝에 목포가 호남지역 최초로 개항장이 되었는데, 지리적 장점과 더불어 항구도시로 성장할 가능성이 컸기 때문이다.

1914년 발간된 『목포지』에는 다음과 같은 기록도 있다. '전면에는 다도해를 끼고 큰 바다에 이르며 후면으로는 호남평야의 광활한 옥토가 널려 있다. 바다에는 무진장의 수산자원이 있고, 육지에는 풍부한 농산물이 있으며, 항구는 깊숙

옛 목포의 모습　1930년대 목포항의 모습을 담은 사진이다. 1897년 개항과 함께 목포는 남도의 거점 항구도시로 발전하였다.

이 들어와 배후에는 유달산이 북풍을 막아주고, 전면으로는 영암반도를 바라보고 고하도가 항구를 가로막으니, 아마도 조선 전체 연안 중에 드물게 보는 좋은 항구다.' 이러한 지리적 장점 때문에 전통시대 수군 기지로 표출되었던 항구적 기능이 근대기에는 개항장으로 변모한 것이다.

대한제국의 꿈이 담긴 개항장

한국의 개항장은 일제의 식민지배에서 수탈의 거점이 되었다는 면에서 부정적인 인식이 강하다. 그러나 목포는 기존의 개항과는 달리 개혁을 향한 대한제국의 열망이 담겨 있었다는 측면에서 남다른 의미가 있다.

무방비 상태였던 1876년 부산이 개항된 후 21년 지난 시점에서 국내에서 네 번째로 개항된 목포의 경우는 많은 면에서 달라졌다. 특히 고종과 우리 정부 스스로가 개항을 통해 개혁에 필요한 자금을 마련할 수 있다는 인식이 있었다.

개항장을 출입하는 선박에 관세를 걷는 것이 매우 중요한 사항임을 파악하고, 개항 전부터 관세업무를 담당하는 해관을 설치하였다. 또한 개항장의 행정업무를 전담하는 관청인 감리서를 두고 운영을 시작한 상태에서 개항을 맞이하였다. 외국인들의 거류지도 기존 개항 지역에서는 나라별로 전관거류지를 허가했지만, 목포에는 여러 나라가 함께 거류해야 하는 '각국 공동거류지' 하나만 설치했다.

목포 개항 후 11일이 지난 1897년 10월 12일에 국호를 '대한제국'으로 변경하였다. 이는 당시 꺼져가는 나라의 운명을 살리기 위한 마지막 노력의 과정이었다. 따라서 목포의 개항은 대한제국의 꿈과 그 시대를 함께 했다는 측면에서 기존의 개항과는 다른 차별성이 있다.

전남 근대문화 1번지

개항 이후 목포는 전남을 대표하는 항구도시로 성장했다. 일제강점기 목포의 사회상에는 식민지 항구로서의 수탈성과 새로운 문물의 보급 거점으로서의 근대성 등이 담겨 있다. 쌀과 면화 등 특산물을 일본으로 옮겨가기 위한 거점 항구로 이용되면서 수탈성이 강했지만, 문화적인 측면에서 전남 근대문화 도입의 1번지 역할을 했다는 점도 목포의 주요 특징이다.

목포에 형성된 근대문화 가운데 전남지역에서 최초이거나 사회문화적으로 중요한 의미를 갖는 사례들이 많다. 목포는 전남지역에서 가장 먼저 근대교육기관과 병원시설, 교회와 천주교 성당 등이 보급된 곳이다. 특히 개항을 계기로 주변의 섬과 항구를 연결하는 해상 네트워크의 중심지가 되었음은 물론, 동시에 철도와 도로 등 근대 교통망의 기반 시설이 목포를 기점으로 구축되었다.

대한제국은 한국인들이 거주한 현 목원동 일대에 감리서, 우체사, 전보국, 경무서 등을 설치했는데, 이는 전남 최초의 근대 공공시설이다. 목포 양동에 자리 잡은 개신교 선교사들이 최초의 여성 교육기관과 서양식 의료기관을 설치한 것도 목포사람들이 새로운 근대 문물을 접하는 계기가 되었다. 목포시민들 스스로 근대식 극장을 만들고, 최초의 시민회관인 목포청년회관을 조성하기도 했다.

지금도 목원동 일대에는 개항 후 근대문화 발달과정을 살필 수 있는 양동교회, 북교초등학교, 청년회관, 우체사와 감리서 터 등을 비롯해 도시화 과정에서 자연스럽게 만들어진 근대 골목길이 원형대로 잘 보존되어 있다.

최초의 공간 중심 등록문화재, 목포근대역사문화공간

개항 이후 일본인들이 주로 살았던 선창가 지역에는 일제강점기에 지어진 식민지 수탈과 상업 활동 관련 유적들이 즐비하게 남아 있다. 이곳은 1897년 목포가 국제무역항으로 개항되면서 외국인들이 거주할 수 있도록 설치한 각국 공동거류지에 해당하는 지역이다. 바다를 수호하던 조선 시대의 해군기지인 목포진(木浦鎭)이 있던 곳을 중심으로 주변 해안가를 간척하여 근대 신시가지가 형성되었다. 지금도 당시의 바둑판식 도로 구조와 근대 건축물이 원형대로 남아 있다.

개항 당시에 목포 각국 거류지의 총면적은 726,024㎡(약 22만평)였다. 이 중 핵심에 해당하는 지역(114,038㎡)이 '목포근대역사문화공간'이라는 이름으로 문화재청 등록문화재

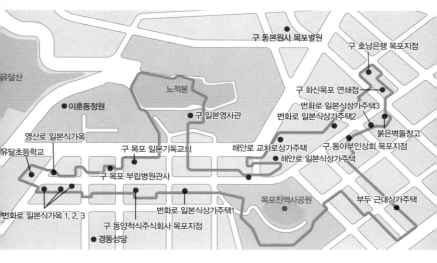

구 동본원사 목포별원
구 호남은행 목포지점
구 화신목포 연쇄점
번화로 일본식상가주택3
번화로 일본식상가주택2
붉은벽돌창고
유달산
노적봉
구 일본영사관
이훈동정원
해안로 교차로상가주택
구 동아부인상회 목포지점
영산로 일본식가옥
구 목포 일본기독교회
해안로 일본식상가주택
유달초등학교
구 목포 부립병원관사
목포진역사공원
부두 근대상가주택
번화로 일본식가옥 1, 2, 3
번화로 일본식상가주택1
구 동양척식주식회사 목포지점
경동성당

등록문화재 718호로 등록된 목포근대역사문화공간 선과 면을 중심으로 한 공간 단위 등록문화재이다. 전국에서 가장 많은 근대 문화유산이 밀집해 있고, 1897년 개항 후 조성된 신시가지의 경관이 보존된 공간이다.

718호로 등록되었다. 과거 일본인들이 다니던 소학교 일대에서 목포역 방향으로 연결되는 대표 도로를 중심에 놓고, 유달산—목포진—선창으로 연결되는 형태다. 이 일대에는 국가 사적으로 지정된 구 일본영사관을 비롯하여 경제 수탈의 상징인 구 동양척식회사 건물, 일본인들이 다녔던 학교와 교회, 일본식 민가, 백화점을 비롯한 상업시설 등이 밀집되어 있다.

'목포근대역사문화공간'은 식민지 수탈의 아픔을 기억하

는 공간이자 동시에 부두노동운동, 소작쟁의, 의병운동, 항일 운동 등 민족저항의 역사가 함께 숨 쉬는 곳이다. 해방 이후 에는 항구도시 목포사람들의 터전이 되었던 중심지이기도 하 다. 시청, 경찰서, 우체국, 상공회의소 등 주요 관공서가 이 일대에 밀집되어 있었다. 이 지역은 최근 목포를 찾는 여행객 들의 답사 코스로 인기가 많다.

예향의 도시, 목포

목포라는 도시의 호칭 앞에는 '예향'이라는 수식어가 늘 따라 다닌다. 목포를 '예향'이라 부르는 이유는 실제 목포가 배출 한 유명 예술인들이 많고, 예술 활동을 즐기는 시민들의 문 화 소양이 지역사회에 높게 형성되어 있기 때문이다.

　목포에서는 한국을 대표하는 예술인들이 다수 배출되었 다. 예술계 최고의 영예라 생각하는 '대한민국예술원' 회원만 해도 미술 분야 허건, 문학 분야 박화성과 차범석, 무용 분야 최청자 등이 있다.

　이외에도 이름만 대면 누구나 알 수 있는 유명 작가들이 정말 많다. 국가무형문화재인 이매방과 장주원, 문학가 김 우진, 최하림, 황현산, 김지하, 김현, 김진섭, 가수 이난영과 남진 등이 목포와 관련된 예술인이다. 목포문학관, 목포문예역사관, 노적봉예술공원 등에 가면 이들의 예술적 향기를 만끽할 수 있다.

예술을 즐기는 시민 문화도 일찍부터 발달했다. 사람들이 모이는 공공장소에는 동양화나 수석, 난, 분재 같은 것들이 잘 갖추어져 있다. 외지사람들은 목포의 평범한 식당에도 유명 작가의 작품이 걸려 있는 모습을 보고 놀라기도 한다.

지금은 다방 문화가 많이 사라졌지만, 과거 목포의 다방은 목포 예술인들의 명작들이 전시되는 갤러리 역할을 했다. 현재 인구 약 24만 명 수준인 목포시에 시립예술단체가 여섯 개나 있는 것도 목포가 예술을 매우 중요하게 여기고, 이를 향유하는 사람들이 많다는 증거다.

목포의 이러한 '예향성'도 도시의 역사와 무관하지 않다. 개항 이후 근대 문물이나 서구의 예술 문화가 빠른 속도로 목포에 유입되면서, 이 지역 사람들은 다른 도시보다 먼저 다양한 예술 문화를 접할 기회가 많아졌다. 또한 개항 이후 상업 활동을 통해 부를 획득한 새로운 유지 층의 형성과 일본으로 연결되는 국제 해로의 발달도 목포의 예향성에 한몫했다. 부유층의 자녀들 가운데 김우진과 박화성 등 유학파

예술인이 다수 배출된 것도 예향의 도시로 발전하는 데 하나
의 토양이 되었다.

행동하는 양심 김대중의 정치적 고향

현대 목포의 상징 인물은 단연코 김대중이다. 목포는 대한민
국 15대 대통령이자 우리나라 최초의 노벨평화상 수상자인
김대중을 배출한 도시다. 태어난 고향은 신안군 하의도이지
만, 목포는 김대중 전 대통령의 정치적 고향이다.

　김대중은 1963년과 1967년 목포에서 국회의원으로 당선
되어 당시 박정희 정권의 부도덕성을 비판하는 저격수이자
정치적 라이벌이었다. 특히 1967년 선거에서는 박정희 대통
령이 직접 목포에 내려와 여당 후보를 지지하는 운동을 노골
적으로 전개했지만, 목포시민의 선택은 압도적으로 김대중
이었다. 그것이 목포가 산업화에서 소외되는 결과로 이어졌
다고 해도 과언이 아니지만, 목포시민들은 늘 그러한 결정이
민주화를 위한 올바른 선택이었다는 점에서 자부심을 느끼
고 있다. 목포 삼학도에는 김대중 노벨평화상 기념관이 조성
되어 있어 연중 많은 이들이 찾고 있다.

목포 경제의 번성과 쇠락

일제강점기 목포는 쌀과 면화를 일본으로 옮겨가는 항구라는 점을 기반으로 경제 특수를 누렸다. 일본인들이 주로 살던 선창가에는 각종 상업시설과 회사, 공장 등이 밀집했다. 경제 발전의 척도가 되는 은행, 백화점, 극장 등이 이른 시기에 생겨나 인근 지역을 아우르는 도시가 되었다. 당시 면적 대비 도시의 밀집도가 상당히 높았다.

해방 이후 일본을 상대로 한 경제 특수는 사라졌지만, 여전히 전남 제1의 도시라는 위상은 유지되었다. 일본인이 떠난 황금어장의 수산업과 보해양조, 남양어망, 행남자기, 조선내화, 호남제분 등 향토기업이 목포 경제를 지탱하는 근간이 되었다. 인근 지역에서 많은 학생들이 유학을 오는 교육의 도시라는 점도 현대 목포의 특징이었다.

1990년대 후반 신도심의 개발로 목포의 경제 축이 목포역 주변에서 하당권으로 옮겨 갔다. 하지만 새로운 인구가 유입된 것이 아니라, 원도심의 사람들이 신도심으로 이주해 갔다는 한계점으로 인해 신도심의 활기도 그리 오래가지는 못했다. 향토기업의 주 공장들도 목포를 떠나 다른 곳으로 이전하면서 목포 경제는 빠르게 쇠락하였다.

무안군에 속한 남악에 전남도청이 옮겨 오면서 지역 통합 등 새로운 활로를 기대했으나, 오히려 상권의 이탈이 가속화되어 목포의 경제는 좀처럼 회복될 기미를 보이지 않았다. 그사이 전남 동부권은 여수 세계해양엑스포와 순천만국제정원박람회 등을 개최하며 새로운 도약의 계기를 마련했지만, 목포는 특별한 이슈를 만들지 못하고 침체의 늪에 빠져 있었다.

세월호의 아픔을 함께한 도시

고하도와 연결된 목포 신항에는 세월호가 머물러 있다. 2014년 4월 16일 인천에서 제주로 향하던 여객선 세월호가 진도 인근 해상에서 침몰하였다. 304명이 사망하거나 실종된 대형 참사였던 이 사건은 21세기 한국 사회가 겪은 가장 슬픈 비극이었고, 그 아픔은 아직도 치유되지 못했다. 사고 발생 3년이 지나서야 인양된 세월호는 현장인 진도 팽목항 주변 해역에서 105km를 이동해 2017년 3월 31일 목포 신항에 접안되었다. 목포시민들은 세월호의 아픔과 함께하기 위해 최선을 다하였다. 지금도 목포 신항에는 희생자를 추모하는 발걸음이 이어지고 있다.

목포 북항에서 고하도와 연결된 목포대교를 건너면 우측

신항 부두에 세월호가 보인다. 신분증을 소지하면 세월호 앞까지 들어가서 안타까운 현장을 직접 살필 수 있다. 주변에는 희생자들을 추모하는 노란 리본이 물결을 이루고 있다. 세월호 사고에 대한 국민들의 분노가 촛불이 되어 대통령 탄핵과 정권교체의 밑바탕이 되었지만, 여전히 사고 원인에 대한 진상규명은 명확하게 이루어지지 않아 안타깝다.

신 해양관광 시대의 거점 도시

다행히 최근 목포는 다시 활기찬 도시의 모습을 되찾고 있다. 신 해양관광 시대의 거점으로서 목포가 주목받고 있고, 목포의 근대문화유산에 대한 국민적 관심도도 높아지고 있다. 환경 훼손과 지역 개발이라는 30년 넘은 논쟁 끝에 지난 2019년 유달산과 고하도를 잇는 해상케이블카가 개통되면서 그 시너지 효과도 커지고 있다. 목포와 다리로 연결된 신안군 압해도에서 암태도로 연결되는 천사대교가 개통된 것도 목포권에 관심이 높아지는 계기가 되었다. 국토부의 뉴딜 재생사업과 문화재청의 근대역사문화공간 사업 등이 동시에 추진되고 있고, 대양 산단 조성을 통한 기업 유치 노력도 조금씩 성과를 나타내는 중이다.

목포 해상케이블카 2019년 유달산과 고하도를 잇는 해상케이블카가 개통되어 해양관광 거점 도시 목포의 활기를 더하고 있다.

오랜 침체기를 벗어나 목포에는, 이제 뭔가 될 것 같다는 희망적인 사회적 분위기가 형성되고 있다. 외지에서 목포로 이주해 와 새롭게 둥지를 트는 사례도 늘어나고, 청년들의 활동도 그 어느 때보다 눈에 띄게 많아졌다. 목포는 한반도의 끝자락에 자리한 작은 도시지만, 다도해를 품은 서남권의 중심도시이다. 항구의 멋과 맛, 예술을 토대로 다시 전남 제1의 도시로 도약하기 위해 준비하고 있다. 호남선의 종착역이 아니라, 대륙횡단 열차의 출발점이 되는 그날을 꿈꾸는 낭만 항구 목포의 미래가 주목된다.

01 목포역

남행열차의 종착역에서 대륙횡단열차의 출발역으로

'목포'라는 도시 이름에는 '근대'라는 단어가 항상 붙어 다닌
다. 목포역은 그 '근대도시 목포'를 상징하는 공간 중 하나
다. 1913년에 목포역이 설치되었고 1914년에 호남선이 개통
되었으니, 이곳에 철도라는 새로운 근대문물이 들어온 지도
100년이 훨씬 넘었다. 목포역은 100년이 넘는 세월 동안 호
남의 동맥으로 기능해왔다. 목포역의 건설과 변화에는 근대
도시 목포의 태동과 번성 그리고 쇠락의 역사가 모두 담겨 있
다. 목포를 찾는 이가 만나는 첫 관문이자, 목포를 떠나 어디
론가 가는 이에게 이별의 플랫폼이 되어주는 목포역은 지금
도 목포 원도심의 문화 공간으로 그 명성을 이어가고 있다.

제국주의의 욕망을 싣고 달린 열차

목포역은 일제강점기 식민지 정책의 일환으로 만들어졌다. 호남철도는 논산−호남−나주평야와 목포항을 연결하는 간선철도로서 농산물의 수송 및 주변 개발의 교두보 역할을 하였다. 목포역의 시작에는 제국주의의 침탈 야욕이 담겨 있는 것이다.

목포가 한·중·일을 연결하는 해륙수송의 중계지로 주목받자 목포와 내륙을 연결하는 철도의 건설이 초미의 관심사로 떠올랐다. 호남철도 부설권을 따내기 위한 열강들의 경쟁이 치열했던 것이다. 한국 정부도 철도 부설을 자력으로 추진하려는 의지를 보였다. 1904년 호남철도주식회사가 설립되고 부설운동이 본격화되었다. 그러나 일본의 방해 공작에 의해 한국 정부의 철도 부설은 좌절되고 만다.

결국 1911년 조선총독부 철도국의 주도로 철도 공사가 시작되었다. 1912년 시운전을 하고, 1913년에 공사를 완료해 1914년 1월에 호남선이 공식 개통되었다. 호남선은 총 길이 261.5km로 대전에서 논산, 이리, 김제, 광주, 송정리, 영산포를 거쳐 목포와 연결되었다.

1910년대 호남선 철도(위)와 목포역(아래) 목포역에 닿는 호남선 철도 뒤로 바다가 보이고, 도심 쪽으로는 거대한 저수지처럼 바닷물이 고여 있다. 이 때문에 목포역에 도착하는 철도는 바다 위를 달리는 듯한 모습이었다. 아래 사진은 1917년 〈전남사진지〉에 실린 목포역의 모습이다.

바다 위를 달리는 철도

목포역 주변은 100년 전에 바다였다. 제방을 쌓아 그 위에 철도를 놓고, 주변 바다를 간척하여 새로운 도시 공간을 만들었다. 그래서 목포역으로 도착하는 당시의 철도는 바다 위를 달리는 듯한 모습이었을 것이다. 일제강점기 초기 목포역 주변 경관을 담은 사진 중에는 철도길 앞뒤로 바다가 보이는 것이 많다.

1928년에 목포역 앞 매립공사를 시작하여 2년 만에 완공하면서 새로운 시가지가 형성되었다. 이후 바다 쪽도 간척되어 지금은 완전한 육지처럼 변모하였다. 근대도시 목포가 가지고 있는 특징 중 하나는 바다를 막는 간척을 통해 도시를 건설하였다는 점인데, 목포역의 옛 모습이 그러한 목포의 발전과정을 상징적으로 보여준다.

호남선 종착역에서 대륙횡단열차의 출발역으로

우리나라 사람들은 '목포역' 하면 흔히 '호남선 종착역' 이미지를 먼저 떠올린다. 호남선은 대전과 목포를 연결하는 구간이다. 실제 목포역 승강장 내부에는 '호남선종착역(湖南線終着驛)'이라 새겨진 표지석이 설치되어 포토존 역할까지 하고 있다. 하지만 반대로 생각하면 목포역은 호남선의 출발, 서울로 가는 출발역이기도 하다.

일제강점기에 나온 통계자료로 실제 목포역을 이용한 승객들의 숫자를 분석해보니, 목포에 도착하는 사람보다 목포역에서 출발하는 사람의 수가 더 많았다. 그런 면에서 보면 목포역은 종착역이 아니라 출발역이었다. 화물은 그와 반대로 목포역에 도착하는 경우가 월등히 많았다. 쌀과 면화 등 전남의 특산품은 목포항을 통해 일본으로 옮겨졌기 때문에 기차를 이용해 목포로 들어왔다.

목포역이 종착역이라는 인식이 강했던 것은 우리들이 지닌 남쪽에 대한 정서 때문이다. 남쪽은 '한반도의 끝'이라는 인식과 연결되는 것이다. 때문에 남쪽 항구인 목포를 향해 가는 호남선은 '남행열차'라 불렸고, 자연스럽게 목포는 종착역이라는 이미지가 생겼다. 종착역이라는 이름에는 왠지 모를 설움이 담긴 듯하다. 일제강점기 쌀과 면화를 빼앗기던 항구도시 목포의 설움, 해방 이후 일자리를 찾아 목포를 떠나야 했던 사람들이 고향을 생각하는 설움 같은 서글픈 심정이 앞서곤 한다.

그러나 이제는 종착역이 지닌 설움의 이미지를 벗어나 대륙횡단 열차가 출발하는 꿈의 시작점인 목포역이 되기를 많은 이들이 바라고 있다. 목포는 신의주까지 연결되는 국도 1호선의 출발점이 된 도시이기도 하다. 그래서 목포의 예술인들은 목포가 한반도의 끝이 아니라 시작점이라고 노래해 왔다. 남북평화의 시대에 북녘땅을 지나 중국, 러시아, 유럽까지 연결되는 대륙횡단열차의 출발점으로서 목포 시대가 열리기를 소망한다.

예향 목포의 문화 공간

목포는 '예향(禮鄉)'이라 불리는 도시다. 목포역 광장은 예향 목포 사람들에게 어머니의 품과 같은 공간이었다. 목포역이 생긴 이후 크고 작은 문화행사가 이곳 광장을 중심으로 열렸고, 지금도 그 전통은 이어지고 있다. 비록 주차장 조성 등으로 목포역 광장의 규모는 과거에 비해 줄었지만, 목포역은 늘 분주하고 여러 문화행사로 활기가 넘친다.

우리나라 유일의 서커스단으로 유명한 동춘서커스단이 처음 시작된 곳도 목포역 일대다. 동춘서커스단은 일본에서 서커스단원으로 활동한 경험이 있는 박동춘이 한국인 30여 명을 모아 결성한 단체로 1927년에 목포에서 최초 공연을 한 것으로 알려져 있다.

1945년 해방의 순간에 그 기쁨을 함께한 곳도 목포역 광장이며, 해방 후에는 각종 시민문화행사 장소로 활용되었다. 목포사람들의 집회가 열리는 민주광장의 의미를 지닌 것도 목포역 광장의 특별함이다. 특히 5·18민주화운동 시기 목포역 광장은 민주화를 열망하는 시민들의 집결지였다. 구속된 김대중의 석방을 위해 구름처럼 모여든 목포시민들의 함성이 메아리치던 역사적인 장소다. 군사독재 시절 목포시민들에게는 "목포역 광장으로 모이자!"는 것이 하나의 상징적인 구호로 사용되었다. 목포역 버스정류장에는 이곳이 목포 5·18의 역사적 현장임을 설명하는 기념비가 세워져 있다. 지금도 목포역 광장에서는 목포시민들의 각종 집회와 문화행사가 열리고 있다.

02 김우진 거리

목포 1세대 모던보이가 살던 문학 동네

근대도시 목포는 한국의 근대예술문화사에 이름을 남긴 유명 예술인들을 다수 배출한 고장이다. 또한 예술을 즐기는 대중문화가 일찍부터 발달한 지역이다. 그래서 목포는 예향이라는 별칭이 가장 먼저 붙은 도시이기도 하다.

목포가 예향으로 불리게 된 배경에는 목포 최초의 예술가로 평가받는 인물, 근대극을 개척한 김우진이 있다. 그는 가수 윤심덕과 함께 바다에 투신자살한 사건으로 더 유명해진 인물이지만, 최근에는 그가 남긴 문학적 업적에 대한 재조명이 활발해지고 있다. 목포의 모던보이 1세대이자 최초 예술인이었던 그의 흔적을 찾아 김우진 거리를 걸어보는 것도 근대도시 목포를 이해하는 좋은 방법이다.

한국 근대극의 개척자 김우진

김우진(金祐鎭)은 목포 최초의 근대예술인이자 한국 근대극의 개척자였다. 즐겨 사용한 호는 '수산(水山)'. 그의 부친은 1897년 목포의 개항장 업무를 전담하기 위해 설치된 무안감리서의 제6대 감리(監理)를 지낸 김성규(金星圭)다. 김우진은 김성규가 장성군수를 지내던 시기에 장성에서 태어났고, 이후 가족들과 함께 목포로 이주해 왔다.

김우진은 목포에서 기초 교육을 마친 후 18세에 일본 구마모토 농업학교에 입학했다. 농업학교 입학은 농업개혁가였던 부친의 뜻에 따른 것이었다. 당시 일본에 체류 중이던 영친왕이 그의 농업학교 졸업 논문의 우수성을 인정하여 하사금을 주었다는 일화가 전해질 정도로 김우진은 뛰어난 영재였다.

그러나 김우진의 꿈은 문학을 전공하는 것이었다.

일본 유학시절 김우진 농업학교 재학 시절부터 김우진은 문학을 꿈꿨다.

1918년 와세다 대학 예과에 입학하여 영문학을 전공하고, 1924년에 졸업했다. 대학 시절부터 연극 활동을 했고, 1920년에는 유학생들과 함께 연극연구단체인 '극예술협회'를 조직했다.

1921년에는 동경 고학생들과 노동자의 모임인 '동우회(同友會)'의 요청으로 회관건립기금 모집을 위한 순회연극단을 조직하여 국내 순회공연을 다녔다. 동우회의 순회연극은 전국에서 선풍적인 인기를 끌었다. 1926년 세상을 떠날 때까지 그는 근대극을 연구하고, 실현한 선각자의 삶을 살았다. 김우진은 시(49편), 희곡(5편), 소설(3편), 번역, 논문 및 평론(20편), 한시(56수) 등 다양한 작품을 남겼다.

짧지만 강렬했던 김우진의 문학 시대

김우진의 생애는 30년을 채우지 못할 정도로 짧았고, 그를 상징하는 희곡 역시 미발표작을 포함하여 5편에 불과하다. 그러나 그가 문학계에 미친 영향은 지대하다. 그의 작품과 문학 세계가 선구자로서의 면모를 보여줬기 때문이다. 김우진의 희곡에는 문학적 근대성과 시대상이 잘 표현되어 있다. 무엇보다 1925년 집필한 희곡은 한글로 쓴 최초의 근대극이고, 사망 직전인 1926년에 쓴 작품 『난파』와 『산돼지』는 한국 최초의 표현주의 희곡이자 당대 신파극을 극복하는 실험극이었던 것으로 평가받고 있다. 때문에 한국의 문학사에서 김우진은 최초의 근대극작가이자 최초로 신극운동을 일으킨 연극운동가로 자리매김되었다.

이외에 비평 분야에서도 김우진의 문학적 식견과 개성은 많은 주목을 받고 있다. 1926년 자신의 평론 「이광수류의 문학을 매장하라」를 통해 계몽적 민족주의와 인도주의의 허구성을 비판했다. 당대 최고의 문인인 이광수를 신랄하게 비판한 일은 문학계의 선구적 업적이자 김우진의 실험정신을 보여주는 사례로 평가되고 있다. 또한 그는 조선말 없는 조선문단을 비판하며, 조선어의 부흥을 주장하였다.

김우진의 작품 탄생지 북교동 성취원

김우진은 11살 때인 1907년에 목포로 이주해 목포공립보통학교(현 북교초)를 졸업한 후 목포공립심상소학교(현 유달초) 1년을 추가로 수료했다고 알려졌다. 아쉽게도 목포에서 다닌 학교와 관련된 부분은 정확한 기록이 확인되고 있지 않아 관련 자료의 발굴이 필요하다.

이후 일본 유학 생활을 거친 후 귀향하여 1924년부터 약 2년간을 목포에 머물면서 가업 관리와 글쓰기를 병행하였다. 그가 머물던 곳은 아버지 김성규의 대저택 '성취원(成趣園)'이었다. 현 북교동성당 부지에 해당한다. 김성규가 장성군수를 지낸 후 목포로 왔기 때문

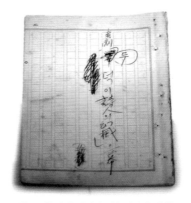

목포문학관에 전시된 김우진의 육필 원고 1925년에 쓴 희곡 『두덕이 시인의 환멸』 육필 원고를 김우진 전시실에서 볼 수 있다.

에 인근 사람들은 이곳을 '김장성 댁'이라 불렀다.

김성규는 유달산을 병풍 삼아 가장 높은 언덕에 집을 짓고 당호를 성취원이라 하였다. 김우진은 성취원 내에 지어진 양옥건물 '백수재'에 머물면서 여러 작품을 집필하였다. 특히 희곡 창작에 힘을 기울여 『이영녀』(1925)를 비롯해, 『정오』(1925), 『두덕이 시인의 환멸』(1925), 『난파』(1926), 『산돼지』(1926)가 이 시기에 집필됐다.

김우진의 작품 중 『이영녀』는 3막극으로 목포 유달산 밑 한국인 마을의 처참한 생활을 자연주의 수법으로 표현한 것

이다. 주인공 이영녀는 극의 진행에 따라 매춘부, 여성 노동자, 재혼녀로 살아가는데, 김우진은 당대의 여성들이 처한 현실의 곤궁함과 그 대안에 대한 고민을 이 작품에 풀어놓았다. 주인공의 삶을 통해 당대 여성들이 처한 현실을 고발하면서도 여성의 사회적, 경제적 자각이라는 주제를 사실주의적 방법으로 다룬 최초의 장막극이라는 평가를 받고 있다.

여성 소설가 박화성과의 인연

나이와 활동 시기로 볼 때 김우진은 목포 최초의 근대예술인이다. 그는 목포 출신으로 한국여성문학의 선구자인 박화성보다 7살 연상이다. 김우진이 성취원 백수재에 머물던 시절 박화성과 맺은 인연이 있어 흥미롭다. 1924년 무렵 박화성은 일본 유학을 준비하고 있었는데, 그에게 영어 과외를 해준 인물이 김우진이었다. 박화성은 성취원과 김우진에 대해 다음과 같은 기록을 남겼다.

"어느 날 우리는 올케를 따라 감자를 캐러 가면서 작은 대궐 같은 김장성 집 앞을 지나 성(城) 같은 담을 돌아갔다. 감자밭은 바로 산 중턱 그 집 뒤에 있었다. 장성 원님을 지냈대서 김장성이라고 호칭 되는 그의 장남이 연극계의 선구자인 김우진 씨로 훗날 (1924년) 여기에서 먼 양동 꼭대기에까지 눈 속에 빗속에 꼬박꼬박 걸어 다섯 달 동안이나 내게 영어를 가르칠 것이라고 누가 상상이나 해보았을까"[1]

김우진은 와세다 대학에서 영문학을 전공했고, 대학 시절 작성한 영어 논문과 영어로 쓴 엽서 등이 남아 있을 정도로 영어에 능통했다. 김우진의 지도를 받은 박화성은 2년 후인 1926년 일본여자대학 영문학부에 입학했다.

'사의 찬미' 윤심덕과의 현해탄 정사

김우진의 선구적 문학 활동에도 불구하고 그에게는 '현해탄 정사의 주인공'이라는 꼬리표가 항상 붙어다녔다. 1926년 8월 4일 가수 윤심덕과 현해탄에 몸을 던져 생을 마감했기 때문이다.

윤심덕은 평양 출신으로 동경음악학교를 졸업한 한국 최초 여성 성악가이자 소프라노 가수다. 현해탄 사건 후 '사의

---

1 박화성, 『나의 삶과 문학의 여적』, 한라문화, 2005년. 142쪽.

찬미' 음반이 발매되어 히트하였다. 두 사람의 교류는 유학 시절 자연스럽게 이뤄졌다. 윤심덕은 김우진의 소개로 도쿄 유학생들이 결성한 신극 운동단체인 토월회에 가입해 연극 배우로도 활동했다.

김우진의 죽음에는 예술적인 고민이 작용한 것으로 보인다. 특히 아버지 김성규와의 갈등이 컸다. 김성규는 퇴직 후 목포에서 자본가로 변모하였다. 김우진에게는 가업을 계승하기를 바라는 아버지와 자신의 예술에 대한 열망 사이에 풀리지 않는 깊은 갈등의 골이 있었다.

윤심덕 역시 신여성으로 살고 싶은 자신의 욕구와 전통 사회가 요구하는 여성상 사이에서 갈등했다. 그런 이유로 예술적 동조자이자 연인인 김우진과 함께 자살이라는 돌출행동으로 생을 마감하게 된 것으로 추정된다.

김우진의 죽음은 사회적 파장이 매우 컸다. 당시 그는 이미 결혼을 한 상태였고, 정씨 아내와 슬하에 남매가 있었다. 또한 엄청난 재산가였다는 점이 큰 화제가 되었다.

이로 인해 극작가로서의 면모보다는 여자와 함께 바다에 빠져 죽은 나약한 지식인으로 세간의 입방아에 오르내렸다. 두 사람의 시신이 끝내 발견되지 않아, 한참 후까지 두 사람이 죽음을 위장해 실제는 외국에서 생활하고 있다는 소문이 끊이지 않았다.

현재 김우진의 묘는 전남 무안군 청계면 월선리 몰뫼산 자락에 자리하고 있다. 당시 시신을 찾지 못했기 때문에 유가족의 뜻에 따라 원혼을 끌어온 초혼묘로 조성되었다.

근대도시 1세대인 김우진 3형제의 삶

목포의 대표적인 유지였던 김성규에게는 세 명의 아들이 있었다. 목포 근대도시 1세대인 이 세 사람은 근대화의 소용돌이 속에서 각기 너무나 다른 삶을 살았다.

첫째는 극작가 김우진이다. 그는 장남으로 가업 계승에 대한 아버지의 요구와 예술가로의 삶 사이에서 갈등하다 스스로 운명을 마감하는 선택을 하였다.

둘째 김철진은 한때 조선공산당 목포지부 책임자를 맡기도 했고, 목포신간회 운동에 참여했다. 1930년대 이후는 사업가로 변모하여 문예지 〈호남평론〉을 발간하기도 했고, 목포부회와 전남도회 의원을 지내기도 했다.

셋째는 김익진이다. 그는 중국 혁명군에 가담한 사회주의 사상가였다. 훗날 천주교에 귀의한 그는 자신이 물려받은 유

산을 소작인 등에게 무상분배하고, 대구로 옮겨 평생 종교인
으로 사회봉사를 하며 살았다. 천주교계에서는 김익진을 '한
국의 성프란체스카'로 평가할 정도이다. 성취원 자리에 현
북교동 성당이 들어선 것은 김익진이 자신이 물려받은 유산
을 천주교구에 기부했기 때문인 것으로 알려졌다.

목포는 근대화가 가장 빨리 이루어진 도시 중 하나이고,
근대성에 대한 고민과 문화충돌이 발생했던 곳이다. 그러한
문화사적 특성이 김우진 3형제의 인생에 고르게 투영되어
있다는 점이 무척이나 흥미롭다. 김우진 3형제의 삶에는 식
민지 근대도시 목포의 다양한 모습이 담겨 있다.

남달랐던 목포에 대한 애정

김우진은 목포에 머무는 동안 목포 최초의 문학동인회를 결
성하여 활동했다. 1925년 5월 현대문학 동호회인 'Société
Mai'를 결성하고, 그해 6월에 같은 제목의 문예지 〈Société
Mai〉를 발간하는 등 예향 목포의 싹을 틔우는 데 이바지하
였다. '소시에테'는 프랑스어로 공동체, 집단의 의미로 이 목
포 최초의 동인회는 우리말로 '5월회'라 불린다.

이외에 잘 알려지지는 않았지만, 김우진은 생전에 목포

지역민들을 위해 도서관을 건립하려고 했었다. 그가 현해탄에 투신한 후 실린 1926년 8월 8일 〈동아일보〉 기사에는 "고향에 돌아와 있을 때는 자기의 단독자력으로 목포의 인사들을 위하여 도서관 하나를 설립해 보려고 애쓴 일도 있었다"는 내용이 담겨 있다.

이렇듯 짧은 기간이지만 목포에서 김우진이 동인회를 만들고, 후배 문인에게 영어를 지도하고, 도서관 건립을 추진하는 등 지역사회에 공헌하려 했다는 점이 인상적이다. 그 중심 공간이 성취원 백수재였다. 김우진이 머물렀던 성취원은 한국 근대연극사의 태동을 알린 곳이며, 목포 최초의 문

김우진 거리의 조형물 김우진이 집필 활동을 했던 북교동 성취원 터 인근에 조성된 김우진 거리에서는 그의 작품, 평론, 3형제 이야기 등을 조형물로 만날 수 있다.

학동인회가 결성된 곳이라는 의미를 담고 있다. 현재는 북교동 성당이 들어서 있는데, 아쉽게도 옛 건물의 흔적은 찾아보기 어렵다. 다만 민간문학단체인 우리문학기림회에서 1990년에 건립한 '극작가 김우진 문학의 산실'이라는 작은 기념비가 성당 내에 있다.

북교동 언덕길에 조성된 김우진 거리

목포에서 김우진의 예술세계를 직접 만날 수 있는 장소는 목포문학관이다. 김우진의 육필 원고를 비롯한 각종 유품이 그의 예술세계와 함께 전시되어 있다.

한편 최근에는 그가 작품 활동을 했던 목포 북교동 성취원 터 인근에 김우진 거리가 조성되었다. 불종대에서 화신약국 옆 북교길을 따라 북교동 성당에 이르는 오르막길 일대다. 이는 목포시 도시재생사업의 골목길 관광루트 사업의 하나로 조성된 것이다. 김우진 거리에는 그의 대표 작품, 비평 내용, 김성규와 김우진 3형제 이야기 등이 벽화와 조형물로 표현되었고, 반딧불 작은 도서관 앞에는 흉상과 포토존이 마련되어 있다.

03 동명동 77계단

송도신사로 향하던 계단과 미로 마을

목포 동명동에는 '77계단'이라고 부르는 곳이 있다. 계단의 숫자가 77개이기 때문에 붙여진 이름이다. 이곳은 일제강점기에 만들어진 송도신사로 향하던 계단이었다. 최근 목포의 근대역사문화공간이 주목을 받으면서 이곳을 찾는 사람들도 많아졌다.

작은 언덕으로 남은 섬, 송도

동명동은 해안을 기준으로 보면 목포 선창가의 끝자락에 자리하고 있다. 동명동 지역은 매립을 통해 육지가 된 곳으로 이곳에 송도라 불리는 작은 섬이 있었다. 소나무가 많아서 '송도(松島)'다.

송도는 표주박 모양의 작은 섬으로 주변에 갯벌이 있는 아름다운 섬이었다. 개항 이후 목포 신시가지의 확대 과정에서 갯벌이 매립되어 섬의 형태는 사라졌고, 현재는 작은 언덕 마을로 남았다. 매우 복잡한 형태의 골목길이 남아 있는데, 이러한 골목길도 목포 도시 발달과정을 보여주는 경관이자 생활상이 담긴 문화유산이라는 판단에 따라 2016년에 목포시 문화유산 30호로 지정되었다.

개항 후 만들어진 목포의 대표 신사

1910년 일제에 의해 국권피탈이 이루어진 후 전국적으로 신사 조성이 성행했다. 일본인들이 많이 거주하는 거점 도시 중 하나인 목포에도 1911년에 성대한 규모를 갖춘 신사가 건립되었다. 이를 송도신사(松島神社)라 불렀다. 주변에 벚나무를 심고, 인공 연못을 만들고, 그 정상에 신사를 조성하는 방식으로 송도공원 겸 신사로 개발되었다.

현재 남아 있는 77계단은 일제강점기 송도신사로 올라가던 입구의 흔적이다. 신사 참배를 위해 올라야 했던 이 계단은 일본인들에게는 신사에 오르는 성스러운 길이었지만, 나라를 뺏기고 신사참배를 강요당했던 한국인들에게는 굴욕의 계단이었다. 당시 학교를 다녔던 사람들은 입학식이나 졸업식 같은 행사 때 이곳 계단에서 기념사진을 찍는 것이 의무였다. 마을 주민인 노행순 할머니는 당시 목포중학교 입학 기념으로 이곳 77계단 앞에서 찍은 사진을 간직해 왔는데 이 사진은 현 77계단 입구 오른쪽에 세워진 안내비의 뒷면에 소개되어 있다.

송도신사의 옛 풍경

신사는 그 성격상 해방 후 가장 빠르게 철거된 유적 중 하나로 당시의 모습을 확인하기 어려운 경우가 대부분이다. 그렇지만 송도신사의 옛 모습을 담은 사진은 꽤 여러 종류가 남아 있어서 당시의 모습을 살필 수 있다.

입구인 77계단 앞에는 신사의 경내를 상징하는 석조로 된 'ㅠ'자 모양의 문이 있었다. 일반적으로 일본의 신사에 공통적으로 세워져 있는 상징물 같은 것이다. 일명 '도리이(鳥居)'라 부르는데, 송도신사에는 이 출입문의 좌우에 석등이 나란히 있었다. 계단을 오르면 경내의 출입구를 상징하는 또 하나의 석조물이 세워져 있고, 그 뒤로 중앙에 사당 좌우로 부속건물이 자리하고 있는 모습이다. 경내 출입문 상부에는 세

사진으로 남은 송도신사의 모습 1921년 목포 안내 책자에 들어 있던 송도신사의 전경
(위)과 송도신사를 참배한 후 77계단 앞에서 찍은 학생들 기념 사진(아래). 일제강점기 목
포에서 학교를 다녔던 사람들은 이곳에서 기념사진을 찍어야 했다.

로로 된 현판에 한자로 송도신사가 표기되어 있었다.

1930년에 발간된 『목포부사』에는 2.3평 규모의 신전, 6평 규모의 배전, 11평 규모의 사무소가 있었다고 기록되어 있다. 신전의 목재는 노송을 사용했는데, 나고야에서 건조하여 수송해온 것이었다. 신전에는 이세황태신궁(伊勢皇太神宮)의 분령을 안치하였다. 신사의 이름을 '목포신사'로 할지 '송도신사'로 할지 고민하다가, 송도신사로 결정했고, 공식 제사일은 4월 10일과 10월 1일로 결정했다. 10월 1일은 목포가 공식 개항한 날이기도 하다. 그래서 송도신사 공식기일인 10월 1일에 목포 개항을 기념하는 행사가 열리기도 했다. 현재 목포시민의 날이 개항일인 10월 1일인데, 바로 이러한 점 때문에 일본인 건립한 송도신사에서 행해지던 개항기념식이 목포시민의 날의 전신이 아니냐는 비판이 목포 시민사회에서 꾸준히 제기되어왔다.

한편 송도신사의 경내에는 목포 고하도에서 1904년 목화의 품종 중 하나인 육지면이 시험 재배된 이후 육지면이 전국적으로 보급된 것을 기념하여 세운 재면10주년 기념비가 있었다. 동네 어르신들의 구전에 의하면 해방 이후에 일본인들이 이 비석을 자기 나라로 옮겨갔다고 한다.

골목길이 발달한 미로 마을

해방 후에는 신사 건물이 철거되고 그 자리에 민가들이 하나둘 자리를 차지하기 시작했다. 일제강점기 조국을 떠나 타국 생활을 했던 사람들이 고향인 목포로 돌아와 이곳에 터를 잡았다. 거기에 한국전쟁 때 피난민들이 들어오면서 하나의 마을이 형성되었다.

이 마을은 도시계획을 바탕으로 형성된 것이 아니라 신사가 있었던 옛 언덕에 작은 건물들이 밀집된 형태였다. 그래서 자연스럽게 매우 복잡한 형태의 골목길이 생겨났다. 현재 77계단을 올라 언덕 위의 집 사이로 연결된 골목길을 걷다 보면, 정말 복잡한 미로에 들어온 느낌을 받게 된다. 목포에는 개항 이후 형성된 근대 골목길이 많은데 그중에서도 77계단 마을의 골목길이 가장 복잡하다.

신사의 흔적과 공간적 가치

옛 송도신사의 흔적을 살필 수 있는 흔적은 현재 입구의 계단과 당시 지어진 건축 1동 그리고 계단 중간쯤 우측으로 연결된 통로의 석조 기둥 등이 있다. 77계단은 비교적 원형이 잘 남아 있는 편이었는데, 2007년 3월에 정비 사업을 통해

77계단의 현재 모습 중앙의 보행보조시설과 우측의 77계단 기념비는 2007년 정비 사업
때 설치되었다.

중간에 보행보조시설이 설치되어 그 원형이 변한 상태다. 계단 경사가 급해 눈이나 비가 올 때 동네 어르신의 통행이 불편하여 보조수단으로 세운 것이다. 이때 건립한 77계단 기념비가 입구 쪽에 세워져 있다.

계단을 올라 왼편으로 연결된 미로 골목을 걷다 보면, 일제강점기 신사와 관련이 있었을 것으로 추정되는 일본식 주택과 마주하게 된다. 이는 현재 유일하게 남아 있는 당시 건물이다. 지붕 등 외부의 건축자재가 변경되어 옛 원형 그대로는 아니지만, 건축의 형태 자체가 전형적인 일본 양식임을 알 수 있다. 내부 바닥에는 다다미의 흔적도 남아 있다.

이 건물을 해방 후 목포 북교동 성결교회를 다니던 고 최마룡(일명 최병인)이 인수하여, 동명동교회로 활용했다. 당시 최마룡 집사는 동명동에 새롭게 이주해온 어민들이 많이 살고 있어 전도 활동과 교회 개척이 필요하다고 생각하여 이곳에서 교회를 운영하였다. 동명동교회는 현 상락교회 전신이다. 최마룡은 나의 할아버지이다. 일찍 세상을 떠나셔서 실제로 뵌 적은 없다. 이 집에서 살았던 할머니 고 나양임의 증언에 의하면 한국전쟁 때는 인민군들이 이 건물을 차지하여 문선대(군인들을 위로하는 공연예술활동) 활동의 본부로 활용했다고 한다. 이렇듯 이곳은 단순히 신사 터에 그치는 것이 아니라, 해방이후 사회상과도 관련성이 있는 공간이다. 복잡한 미로 마을이 형성된 것 자체가 현대사의 흔적이기도 하다.

전국적으로 일제강점기 근대문화유산에 대한 관심과 관광자원으로 활용하는 정책들이 활기를 띠고 있는데, 신사의 경우는 워낙 예민한 측면이 있어 대부분 방치되고 있는 상황이다. 목포의 경우도 근대문화유산을 지역경제 활성화를 위한 관광자원으로 적극 활용하고 있는 추세지만, 이곳 송도신사 터와 77계단에 대해서는 특별한 관심이 없었다.

최근 들어 목포근대문화유산에 대한 사회적 관심이 높아지고 관광객들이 늘어나면서, 이곳 77계단을 찾는 이들도 많아지고 있다. 부끄러운 역사라고 마냥 감추고 방치하는 것보다는 사회적 흐름에 맞게 역사교육 자원으로 재활용하며, 지역민들과 상생하는 방안을 고민해야 할 때다. 송도신사는 일제강점기 우리의 정신까지도 지배하려 했던 식민지 치욕의 역사 현장이다. 그러한 공간에 대한 가치 평가와 역사교육 공간으로의 활용법에 대한 사회적 합의가 필요하다.

04 구 일본영사관

원형 그대로 보존된 123년 전 건축물

1897년 10월 1일 개항과 함께 목포에는 외국인들이 거주할 수 있는 각국 공동거류지가 설치되었는데, 이곳을 흔히 '개항장'이라 부른다. 이전 개항장인 부산이나 인천의 경우는 청나라 전관거류지와 일본인 전관거류지가 각각 허가되었지만, 목포는 공동거류지 하나였다. 그래서 일본, 러시아, 영국 등 각국이 저마다 좋은 위치에 영사관 부지를 확보하기 위해 치열한 경쟁을 했고, 승자는 일본이었다.

목포 개항장의 범위는 동쪽으로 지금의 동명동, 서쪽으로 온금동, 남쪽으로 목포진 해안, 북쪽으로 측후동을 축으로 하였으며, 총면적은 약 22만 평(726,024㎡) 규모였다. 그중 가장 중심부에 해당하는 곳이 일본영사관 부지였다. 일본은 목포 개항장 일대가 한눈에 내려다보이는 곳에 목포에서 가장 크고 화려한 형태로 영사관 건물을 지었다. 목포 개항장에는 수많은 일제강점기 유적들이 남아 있어 근대역사의 현장이자, 살아있는 박물관으로 불리고 있다. 그중에서도 가장 대표적인 건물이 1900년에 완공된 구 목포 일본영사관이다.

근현대사를 관통한 역사의 현장

구 목포 일본영사관 건물은 유달산 노적봉 아래에 자리하고 있다. 노적봉 옆에는 일명 '도적암'이라 불리는 바위가 있다. 조선 시대부터 내려오는 목포 설화에 따르면 노적봉을 훔쳐 가려고 염탐하는 왜적들의 형상이라고 한다. 구 목포 일본영사관 건물이 호국 사적지인 노적봉과 왜적을 상징하는 도적암 아래에 터를 잡았다는 점이 신기할 따름이다.

일본영사관 부지는 유달산 남쪽 산록을 깎고, 하단석축을 기반으로 하여 터를 닦았다. 이곳은 당시 개항장의 전체 경관이 한눈에 들어오고 배들이 드나드는 부두가 보이는 자리였다. 반대로 항구 쪽에서 바라보면, 시가지 건물들보다 높은 위치에 이 영사관이 우뚝 솟아 있는 형태여서 매우 위압적으로 보이는 시각적 효과가 있었다. 일본영사관 자리로서

근대역사관으로 재탄생한 구 일본영사관 목포에서 가장 오래된 근대 건축물로 아직까지 원형이 잘 보존되어 있다. 현재는 목포근대역사관 본관으로 사용되고 있으며 최근에는 드라마 '호텔 델루나' 촬영지로 여행객들에게 인기를 얻고 있다.

최고의 장소였던 것으로 여겨진다.

개항 후 일본영사관은 임시 건물을 사용하다가 1900년에 정식으로 현 위치에 붉은 벽돌을 이용한 근대식 영사관 건물을 지었다. 외교업무를 위해 개설된 것이 영사관이지만, 시대적 상황상 일본영사관은 개항장에서의 일본인 보호와 일본 상인들의 이권을 도모하는 역할을 했고, 목포항을 통해 전남의 쌀과 특산물을 일본으로 반출시키는 일에 앞장섰다.

이 건물의 용도는 이후 한일관계에 따라 여러 번 명칭이 변하였다. 을사늑약 이후 통감부가 설치되면서 1906년부터 목포이사청으로 사용되다가, 1910년 경술국치 이후부터 해방될 때까지는 목포부청으로 사용되었다. 해방 후에는 목포시청으로 사용되었고, 1974년부터는 시립도서관, 1990년부터 목포문화원으로 사용되었다. 2014년부터는 목포근대역사관 본관으로 활용되고 있다.

그래서 목포의 나이 지긋한 어르신들은 이곳을 옛 시청 건물로 기억하고, 나와 비슷한 나이의 사람들은 도서관 건물로 기억한다. 이곳은 한국근현대사를 관통하는 역사의 현장으로서 가치를 지니고 있다. 이러한 가치를 인정받아 현재 목포에 남아 있는 근대문화유산 중 유일하게 국가사적(1981

년, 289호)으로 지정되었다.

목포 일본영사관의 건축적 특징

구 목포 일본영사관은 목포에서 가장 오래되고, 규모가 큰 근대 건축이다. 또한 건립 당시의 외형을 거의 그대로 유지하고 있어 역사적으로나 건축사적으로 최고의 근대 건축으로 평가받고 있다. 전국적으로 1900년대에 지어진 건물 가운데 이처럼 규모가 있고 보존상태가 좋은 사례는 매우 드물다.

개항 당시 이 건물이 지어질 때만 하더라도 높이 13.65m 규모로 목포 최초의 서양식 건물이면서 가장 높은 건물이었다. 건물의 외형은 장방형의 2층 구조에 붉은 벽돌과 흰색 벽돌을 사용하였고, 좌우대칭으로 전면은 정연하게 배치되어 안정감이 있다. 이 벽돌은 일본 오사카에서 가져온 것으로 벽돌의 뒷면에 대판(大阪, 오사카)이라고 새겨져 있는 것이 문화재 보수공사 때 확인되었다. 외벽은 긴 벽돌과 짧은 벽돌을 교차하여 쌓아 시각적으로 단조롭지 않게 만들었고, 적절하게 흰색 벽돌을 가미하여 포인트를 살렸다.

출입구 현관은 목재로 입구를 돌출시켜 만들었는데, 이

시기에 만들어진 건축물들이 대부분 이러한 입구(포치) 형태를 보인다. 본 건물 2층의 외벽 중앙 창틀 위에는 원형 모양의 장식이 남아 있는데, 건립 당시에는 이곳에 일본 천황을 상징하는 국화 문양이 새겨져 있었다.

건물의 내부 중앙에는 1층 홀과 2층으로 오르는 목조 계단이 있다. 이 건물 내부의 특징은 난방용 벽난로가 각 실마다 설치되어 있다는 점이다. 그중 2층 중앙에 남아 있는 벽난로가 가장 규모가 크고 원형 보존이 잘되어 있다. 이것은 이탈리아 최고급 대리석으로 장식되어 눈길을 끄는데, 그 당시에는 집 한 채 값을 호가하는 고가품이었다고 한다. 벽난로 부분의 타일은 영국산이다. 1900년에 지은 일본영사관에 이런 고급 자재를 사용한 것을 보면 굉장히 오랫동안 이곳에서 권세를 누릴 것을 예상하고 정성을 다한 것 같다.

이 건물 좌측 외벽에는 몇 개의 구멍 뚫린 흔적들이 보이는데, 이는 외부에서 쏜 총탄의 흔적이다. 구전에 의하면 한국전쟁 때 해상에서 쏜 총탄이 날아와 건물에 박힌 것이라고 한다. 실제로 건물 외벽에 박혀 있던 총탄 4기가 발견되어 현재 목포시에서 보관 중이다.

또한 눈썰미가 좋은 사람들은 이 건물의 좌우 2층 벽면의

구 일본영사관의 외관 장식 1932년 목포사진첩에 실린 목포부청 건물(좌)을 보면 2층 중앙에 일본 천황을 상징하는 국화 문양이 있다. 해방 후 목포시청으로 사용할 당시에는 국화가 있던 자리에 태극문양을 새겨 넣었는데, 지금은 그 흔적이 사라지고 원형의 틀만 남아 있다. 또한 창틀(우) 위에 붉은 벽돌과 흰 벽돌을 이용해 원형으로 장식한 모습도 눈에 띈다. 마치 욱일승천기를 연상하게 한다.

일부 벽돌들이 원형과는 다른 형태임을 알 수 있는데, 이는 해방 후 목포시청으로 사용되던 시절에 건물 주변에 설치한 부속건물들과의 연결 통로를 만들기 위해 벽돌을 헐었다가 다시 복원한 흔적들이다.

일제강점기 강제동원의 현장

영사관 건물의 뒤편에는 일제 말기 조성한 대형 방공호가 남아 있다. 1941년 태평양전쟁이 시작된 후 조선총독부는 전시체제를 강화하였다. 관공서나 학교 등에서는 공중폭격에 대비한 방공훈련을 실시했고, 그 대피 장소로 활용하기 위한 인공 동굴인 방공호를 곳곳에 조성하였다. 방공호 조성에는 한국인들이 강제 동원되었다. 군인으로 징병된 사람들을 이러한 군사시설 현장에 노동자로 투입하여 노동력을 착취하였다.

방공호는 전체 82m 길이에 중앙 출입구가 있고, 좌우에 별도의 출입구와 연결된다. 높이는 2m 내외, 폭이 넓은 곳은 3m가 넘는다. 방공호는 태평양전쟁 시기에 조성된 유적이자, 강제 동원을 증명하는 역사적 현장이다. 일제강점기 일본인들이 많이 살았던 목포에는 유독 방공호가 많이 건설되었는데, 지금도 그 흔적이 곳곳에 남아 있다.

방공호의 좌측에는 석조로 된 별관 건물이 자리하고 있다. 이 건물은 일제강점기 목포부청의 별관이며, 서고 등의 용도로 추정된다. 1층 중앙에 큰 출입문이 있고, 오른쪽 외부에 2층으로 통하는 돌계단이 있다. 2층 상부에 당시 부착한 일본식 상량문이 보존되어 있다. 건립 시기는 1932년이다. 흥미로운 점은 이 건물을 건립하는 데 당시 목포형무소 재소자들이 동원되었다는 점이다. 현 산정동에 있었던 목포형무소 뒤편에 채석산이 있어 당시 수감된 사람들이 채석과 건축공사에 동원되었는데, 이 건물은 당시 그러한 역사를 반영하는 것이기도 하다. 일제강점기 석조 건물로 보존 상태가 좋고 천장의 목조 구조 등의 원형이 잘 남아 있다.

한편 방공호 중앙 출입구와 석조 별관 사이에는 본관 뒤편 유달산 자락으로 오르는 돌계단이 남아 있다. 이 돌계단 위에는 '봉안전'이 조성되어 있었다. 일제강점기 일본 천황의 교육칙어를 봉안하고, 각종 참배를 했던 곳이었다. 김영삼 정부에서 일제잔재 청산작업으로 조선총독부 건물을 철거할 때, 목포에서는 상징적으로 이 봉안전이 철거되어 현재는 그 터만 남아 있다.

구 일본영사관 입구에는 목포시민들이 뜻을 모아 건립한 평화의 소녀상이 세워져 있다. 우측에는 빈 걸상이 함께 설치되어 있어 지나가는 사람들이 편안하게 사진 촬영을 할 수 있다. 식민지 시대 목포 수탈과 지배의 상징이었던 일제강점기 대표 건물 아래에 자리 잡은 소녀상은 붉은색의 영사관 건물과 묘한 대조를 이룬다.

인기 드라마 '호텔 델루나' 촬영지

구 일본영사관 건물은 여러 용도로 사용되다가 현재는 목포 근대역사를 체험하고 배울 수 있는 근대역사관으로 활용되고 있다. 목포 개항과정과 식민지 수탈의 역사, 민족의 저항, 목포 근대화의 특징 등에 대한 내용이 전시되어 있다.

이 건물은 그동안 여러 영화나 드라마의 배경으로 활용되어왔다. 영화 'YMCA야구단'에서는 통감부 건물로 촬영되었고, 공포영화의 배경으로 사용되기도 했다. 가장 최근인 2019년에는 아이유가 출연하여 인기를 끈 드라마 '호텔 델루나'에서 델루나 호텔로 이 건물이 활용되면서 큰 화제를 모았다. 드라마의 인기에 힘입어 건물이 더 많은 대중에게 알려졌고, 드라마 촬영지를 찾는 젊은 층의 발길이 계속 이어지고 있다.

　일제강점기 건물이라는 특징상 그동안은 시대극의 배경으로 사용되는 것이 대부분이었는데, '호텔 델루나'에서는 이 건물의 신비로운 외관이 대중들에게 신선하게 다가섰다. 근대문화유산이 가지는 역사성과는 전혀 무관하게 사용된 경우지만, 건축물이 가지고 있는 특징을 문화콘텐츠로 새롭게 활용한 사례라는 점에서 시사점이 컸다. 드라마의 영향으로 야간에도 구 일본영사관을 찾아오는 사람들이 많아졌다.

목포는 한반도의 끝자락으로 알려져 있다. 그러나 목포는 한반도의 끝이 아니라 출발지이기도 하다. 이를 상징적으로 보여주는 유적이 국도1·2호선 기점 도로원표와 기념비다.

도로원표는 현 유달우체국 주차장 좌측 화단에 조성되어 있다. 이곳은 근대적인 도로망이 개설될 당시 국도 1호선과 2호선의 기점이 된 곳이다. 국도 1호선은 1906년에 착공하여 1911년 개통된 도로로 목포에서 신의주까지(939.10km)이며, 2호선은 부산까지의 도로(353.60km)이다.

우리나라 최초의 근대적인 도로망이 목포에서 출발한 것이다. 원표는 이를 상징하기 위한 것으로 2000년 9월 18일에 설치되었다. 도로원표 바로 뒤에는 이곳이 대한민국 근대 도로망의 출발지임을 기념하기 위한 기념비가 건립되어 있다.

05 목포진 역사공원

목포 역사의 뿌리이자 항구도시의 시작점

누군가 "목포에 가면 꼭 들러야 하는 곳이 어디인가?"라고 질문을 한다면 나는 서슴없이 목포진이라고 답한다. 목포진은 목포 역사의 뿌리이자, 근대도시 목포가 출발한 장소다. 전통성과 근대성을 함께 겸비한 곳이며, 목포항의 주변 경관을 한눈에 살필 수 있는 곳이기도 하다.

세종이 설치한 수군진에서 시작된 목포

목포진(木浦鎭)은 조선 시대에 목포에 설치되었던 수군의 진영을 말한다. 목포는 지리적으로 강과 바다가 만나는 해로의 요충지로 국가가 걷는 세곡을 운반하는 조운선의 거점이었다. 이 조운선을 노리는 왜적의 침입이 빈번하여 이를 막기 위해 세종이 1439년에 수군진을 공식 설치했다. 이때는 산성을 쌓지 않고 배 위에서 방어와 수색을 하였다.

연산군 대에 이르러서는 선상 방어만으로 해상을 지키는 것이 어려운 중요 장소를 선정하여 성을 축조하기에 이르렀다. 1501년 실록 기록에 목포성을 쌓고 있다는 내용이 있어 이 무렵에 목포 수군진의 성벽이 구축된 것으로 추정된다. 성의 둘레는 약 400m, 성벽 높이는 2m가 조금 넘었다. 사방에 출입구가 있고, 내부에 객사와 관아를 비롯하여 감옥과 우물 등이 있었다. 이때부터 성벽 주변에 목포진을 지키는 사람들이 거주했는데, 이는 오늘날 목포사람들의 실질적인 뿌리다.

현재 목포진이 있는 동네의 이름은 만호동으로 불린다. 목포진의 책임자가 조선 시대 무관직인 '만호(萬戶)'라는 관직이었기 때문에 만호진이라 불려왔던 점에서 유래되었다.

목포는 1597년 정유재란 때 이순신이 목포 앞바다에 있는 고하도에 자리를 잡고 수군을 재건하여 전쟁을 승리로 이끈 사적지다. 이 때문에 목포사람들은 만호동을 조선 수군과 이순신의 정신이 남아 있는 지역이라고 생각한다. 최근 만호동 일대에 남아 있는 일제강점기 근대문화유산들이 큰 인기를 누리고 있지만, 정작 이 지역 주민들의 정체성과 자부심은 "우리 동네는 이순신의 호국정신이 담겨 있는 수군진이 있던 곳이다"는 데에 있다.

역사공원으로 재탄생한 목포의 정신적 뿌리

영산강의 길목을 지키던 목포진은 조선 말기인 1895년에 폐진되었다. 명분은 근대적 군사제도 개편이었지만, 열강의 침략에 우리 바다를 스스로 지킬 능력이 없어졌음을 보여주는 망국의 시대상 때문이었다. 아쉽게도 일제강점기를 거치면서 목포진의 성벽과 관청의 흔적은 사라져버렸다. 해방 이후 목포진이 있던 언덕에 민가들이 빡빡하게 들어서면서 역사유적지로서의 면모는 찾아보기 어려웠다.

목포사람들은 목포의 뿌리인 목포진이 복원되기를 희망했다. 목포는 '일제의 수탈항'이었다는 이미지가 워낙 강하고, 주변에도 일제강점기에 조성된 유적들이 대부분이기 때문에 정신적인 뿌리를 찾는 측면에서 목포진이 복원되기를 원했다. 1987년에 '목포진지'라는 이름으로 전라남도 문화재자료 제137호로 지정되었지만 복원은 쉽지 않은 일이었다. 오랜 세월 지지부진하다가 지난 2014년에 목포진 역사공원 형태로 일부 유적이 복원되었다.

복원된 목포진 객사 객사는 조선 시대에 임금을 상징하는 전패를 모시는 건물로 조선 지방 관아에서 가장 중요하게 여기던 건물이었다.

목포진 역사공원에는 입구를 상징하는 홍살문과 주변 성벽의 일부, 그리고 객사(客舍)가 복원되어 있다. 홍살문을 지나 삼문(三門) 안으로 들어가면 만나게 되는 건물이 목포진의 객사다. 객사는 지방에 공무를 수행하기 위해 온 관리의 집무실 겸 숙소로 사용되는 공간이다. 그런데 왜 수군진의 주 관청인 동헌(東軒) 건물을 복원하지 않고, 객사를 복원했는가 하는 의문이 들 수 있다.

목포진 관련 건물 전체를 복원하는 것이 현실적으로 어려워서 목포시 담당 부서에서는 어떤 건물을 상징적으로 복원

할지에 대한 논의가 있었다. 조선 시대에 객사의 경우 건물 중앙에 임금을 상징하는 전패(殿牌)를 모셔 놓고, 매월 초하루와 보름에 달을 보면서 임금이 계신 궁을 향해 절을 올리는 향망궐배(向望闕拜)를 행했다. 때문에 조선 시대 지방 관아 건물에서는 전패를 모신 공간을 가장 중요하게 여기는 풍속이 있었다. 그래서 객사를 우선 복원했다고 한다.

목포진 역사공원의 진짜 보물

목포진 객사 마당에는 내가 목포 최고의 숨은 보물이라 생각하는 유적이 있다. 객사 벽면 한쪽에 2기의 조선 시대 선정비가 세워져 있는데, 일제강점기에는 수군진과 관련된 선정비라는 이유로 목포부청 인근 땅속에 매장되는 수모를 당하기도 했다. 해방 이후 발견되어 목포시청(현 근대역사관) 주변에 세워 놓았다가 목포진 역사공원이 조성되면서 현 위치로 옮겨졌다.

이 중 하나는 비는 1714년에 세운 만호 방대령의 선정비다. 전면에 '行萬戶方公大○○德賑率善政碑(행만호방공대○○덕진율선정비)'라 새겨져 있다. 목포진 책임자였던 만호 방대령(方大寧)이 굶주린 백성들에게 진휼을 베풀어서 그 은덕을 기리기 위해 건립한 것이다.

다른 하나는 1763년에 세운 수군절도사 신광익의 선정비다. 전면에 '行水軍節使申侯○○○善政碑(행수군절도사신후○○○선정비)'라 새겨져 있다. 당시 목포진은 해남 우수영에 있는 전라우수영에 부속되어 있었는데, '신광익(申光翼)'은 그 책임자인 수군절도사로 목포진의 굶주린 군졸을 진휼한 공을 기리기 위해 건립된 비였다.

신광익 선정비 목포진 역사공원 내 객사 마당에 있는 선정비로 머릿돌에 새겨진 문양에서 목포사람들의 소박함과 예술미를 동시에 느낄 수 있다.

특히 주목되는 유적은 신광익의 비다. 이 비를 목포의 숨은 보물이라고 하는 이유는 머릿돌에 새겨진 문양 때문이다. 이 문양에서 목포사람들의 소박함과 추상적인 예술미를 느낄 수 있다. 얼핏 보면 어린아이가 그려 놓은 것 같은 서툰 느낌의 이 그림은 용이 승천하는 모습을 추상적으로 표현한 것이다. 두 마리의 용이 있는데 왼쪽의 용만 여의주가 있다.

선정비는 누군가에게 고마운 마음을 담아 세운 것으로 머릿돌에 그 인물을 칭송하는 상징물을 새기는 경우가 많다. 그 최고의 찬사는 용이었다. 흔히 조선 시대 비석의 머릿돌을 '이수(螭首)'라 칭하는데, 이수는 용의 형체를 새겨 장식한 비석의 머리를 뜻한다. 당시 목포사람들은 고급자재를 이용하거나 뛰어난 석공을 불러 화려하게 이수가 장식된 선정비를 세울 능력이 없었다. 그러나 고마운 마음만큼은 누구 못지않았을 것이다. 바닷가에 사는 목포사람들은 선정비의 주인공이 바다를 지키는 용왕신과 같은 존재라는 의미를 담아 머릿돌의 문양을 새겼다. 그리고 그 결과 피카소의 추상화보다 200여 년이나 앞선 선구적인 작품이 만들어진 것이다. 이 유적이야말로 목포사람들의 해학과 예술성을 보여주는 예향 목포의 뿌리다.

근대 항구도시로의 출발지

전통시대의 상징인 목포진은 목포역사에서 근대의 출발지라는 면에서도 중요한 장소다. 1897년 10월 1일 목포가 국내 네 번째 개항장으로 선정된 후 근대로의 변화가 이곳 목포진을 중심으로 시작되었다. 목포 개항이 기존의 부산이나 인천 개항과 다른 것은 개항일 이전에 우리 정부에서 개항장 업무에 필요한 관청인 감리서와 해관을 미리 목포에 설치한 후 개항을 준비했다는 점이다. 비록 목포진은 1895년에 폐진되었지만, 그 터에 남아 있던 옛 관아 건물과 부속 시설들이 감리서와 해관으로 사용되었다.

'감리서'는 개항장 외교 및 통상 사무를 전담하기 위한 관청이다. 목포진의 건물을 수리하여 사용하다가 1902년 9월에 한국인 거주지역인 현 북교동에 건물을 신축하여 이전하였다. 때문에 목포진은 항구도시 목포의 근대 행정이 처음 시작된 장소다.

가장 중요한 사실은 목포해관(木浦海關)이 이곳에서 출발했다는 점이다. 해관은 항구를 입출항하는 선박에 대해 관세 부과 업무를 주로 담당하는 곳이다. 관세업무는 개항의 목적이며, 해관은 근대 시기를 상징하는 국가관청이다.

최초 개항장인 부산의 경우 해관 업무가 준비되지 못한 상태에서 개항이 되었던 반면 대한제국 설립 시기와 맞물려 있는 목포 개항 때는 우리 정부에서 해관 부지를 미리 정하고 업무 개시를 준비했다. 목포 개항일이 곧 목포해관의 관세업무 개시일이었다. 목포진의 부속 건물이나 배를 댈 수 있는 부두 시설들이 있었기 때문에 이를 최대한 활용한 것이다. 조선 시대 수군시설이었던 곳이 개항을 통해 해관 시설로 탈바꿈하고, 군사기지가 무역항으로 변모하게 되는 역사적 전환이 바로 이 목포진 일대에서 일어났다. 전통공간에서 근대공간으로 변한 것이다.

목포의 핵심을 한눈에 담을 수 있는 전망대

목포진 객사 우측 정상부에는 주변 경관을 살필 수 있는 전망대가 마련되어 있다. 이곳에서는 목포를 병풍처럼 감싸고 있는 유달산이 보이고, 세 마리의 학이 바다에 내려앉아 섬이 되었다는 삼학도가 가장 가깝게 보인다. 이순신의 호국 전설이 담긴 노적봉과 유달산의 쉼터인 유선각 그리고 유달산과 고하도를 연결하는 해상케이블카의 모습도 한눈에 들어온다.

1897년 개항 이후 외국인들이 거주할 수 있는 공간이 이 목포진 주변에 만들어졌다. 120여 년 전에 만들어진 이 신시가지의 도로망과 주요 건물들의 모습도 이곳에서 관찰할 수 있다. 최근 목포 근대역사문화공간의 상징이 된 붉은 색채의 창성장 건물이 목포진 전망대 바로 아래에 자리하고 있다.

또한 일제강점기 최고 번화가였던 갑자옥 모자점에서 화신 연쇄점으로 연결되는 상업 거리의 경관이 한눈에 펼쳐진다. 이곳에서는 목포가 왜 살아 있는 근대 건축 박물관인지를 실감할 수 있다.

목포진에서 꿈을 키운 소년 김대중

현 신안군 하의도에서 나고 자란 김대중은 섬마을에서 4년제 초등학교를 다니다가 상급학교 진학을 위해 6년제 학교였던 목포 북교초등학교로 전학을 왔다. 그때 살았던 곳이 이 목포진 언덕이었다. 당시 그의 모친은 현 항동시장과 연결되는 목포진 중턱에서 영신여관을 운영하였고, 김대중 전 대통령은 이 일대에서 학창 시절을 보냈다.

당시 느꼈던 감정이 『김대중 자서전』에 언급되어 있다. '조선 수군들이 여기서 숙식을 하고, 나처럼 저 목포 앞바다를 응시하며 나라를 지켰겠구나' 하는 생각을 했다고 한다. 소년 김대중은 목포진 일대를 이순신의 정신이 담긴 의미 있는 장소로 인식하였다. 현재 목포시에서는 김대중 관련 옛터를 중심으로 김대중 이야기 공원을 꾸미고 있다. 목포진에서 항동시장으로 연결되는 계단 길도 여기 속한다. 목포진 역사공원 관람을 마치고 내려갈 때는 김대중 전 대통령이 살았던 항동시장 계단을 이용하는 것을 추천한다.

목포 여행의 출발지

이렇듯 목포진 역사공원 일대는 목포진에서 출발한 목포 역사의 뿌리, 개항 이후 근대항구도시로의 전환, 목포를 대표하는 역사 인물인 김대중의 이야기가 있는 곳이다. 통영의 동피랑이 전국적인 명소로 알려져 있는데, 동피랑과 유사한 지형과 역사적 뿌리가 있으면서 대한제국의 근대사 이야기가 더해진 곳이 바로 목포진 일대다.

이런 이유로 목포진은 목포 역사의 1번지이자 목포 여행의 출발지로서 충분한 가치를 지녔다. 최근 목포 근대역사문화공간의 가치가 알려지면서 옛 개항장 거리를 찾는 이들이 늘어나고 있다. 그러나 정작 그 중심에 자리한 목포진을 방문하지 않고 가는 경우가 많다. 목포진에 올라 목포항과 유달산을 조망해보지 않았다면 목포 여행의 중요한 부분을 놓친 것일지도 모른다.

······ **더 보기 : 약사사** ··

    조선 시대 설치된 수군 기지였던 현 목포진 역사공원 언덕의 오르막길에 있는 작은 사찰이다. 원래 일제강점기에 세운 일본의 불교 사찰이었다. 법당 내에는 1927년에 건립한 2층 구조의 독특한 일본 양식의 대웅전과 칠성각 건물이 있고, 마당에는 1935년 조성된 불상과 1930년에 제작된 물을 담는 석조가 있다. 바위에 법당이 세워져 2층에 불상이 모셔져 있는 보기 드문 구조의 사찰이다. 약사사는 목포시 문화유산 제21호로 지정(2012년 5월 21일)되었다.

하늘에서 본 목포진 주변 풍경 개항 후 목포진 주변에 신시가지가 형성된 후 지금의 모습으로 발전해왔다. 유달산 자락과 연결된 목포진과 선창 주변에는 근대문화유산들이 밀집되어 있으며 앞쪽에는 삼학도가 보인다.

06 노적봉

이순신의 전설이 깃든 목포의 자부심

노적봉은 유달산 등산로 정문 맞은편에 솟아 있는 작은 봉우리로 이순신의 호국 전설이 담겨 있는 목포의 자랑이다. 노적봉 설화는 1597년 정유재란 당시 이순신의 수군이 목포의 섬 고하도에 머물렀던 역사적 사실에 근거하여 전승되어왔다. 노적(露積)은 곡식을 밖에 쌓아둔다는 의미로 곡식이 높이 쌓여 봉우리 형태를 이루었다고 노적봉이라 불렀다. 이순신은 임진왜란 당시 이 봉우리를 쌀가마니로 덮어 멀리서 보면 마치 군량미가 산처럼 쌓여 있는 것처럼 보이게 했다. 이를 본 왜적들은 "저렇게 많은 군량을 쌓아두었으니 군사는 얼마나 많겠느냐"며 놀라 도망쳤고, 그 뒤부터 이 봉우리를 노적봉이라 불렀다고 한다.

목포 노적봉이 유명해진 두 가지 계기

사실 노적봉은 목포에만 있는 지명이 아니다. 전국적으로 분포되어 있으며, 특히 해안가에는 노적봉이라는 지명이 많이 있다. 북한산, 김해, 북한 칠보산 등에도 노적봉이 있다. 그 중에서 목포의 노적봉이 전국을 대표하는 노적봉으로 알려지기까지 지역민의 애정과 보존 노력이 있었다.

'노적봉' 하면 목포가 떠오르게 된 데에는 두 가지의 큰 계기가 있었다. 첫 번째는 1935년 이난영이 부른 「목포의 눈물」 가사에 노적봉이 언급된 것이다. 이 노래가 국민가요로 오랫동안 사랑받으면서 노적봉이 더욱 유명해졌다. 2절 가사 중에 "삼백 년 원한 품은 노적봉 밑에 임 자취 완연하다 애달픈 정조"라는 부분이 있다. '삼백 년 원한'은 '정유재란'을, '임'은 '이순신'을 상징한다. 나라를 빼앗긴 시기에 나라를 지켰던 수호신 이순신을 그리워하는 가사로 여겨져 더 많은 사랑을 받았다.

「목포의 눈물」은 당시 오케(Okeh)레코드에서 전국 10대 도시를 대상으로 한 '향토찬가' 공모작으로 선정되어 발표된 곡이다. 목포 출신 문일석이 작사하고, 이난영이 부른 노래의 가사에 노적봉과 이순신에 대한 내용이 매우 중요한 의미로 담겨 있어 향토성을 반영하고 있다.

두 번째는 광복 후 초등학교 국어 교과서에 '노적봉과 영산강'이라는 제목으로 그 내용이 소개된 것이다. 한국전쟁 후 제1차 교육과정(1956~1964)부터 초등학교 3학년 2학기 국어 교과서에 관련 설화가 상세히 소개되었다. 이러한 과정을 거쳐 목포의 노적봉이 목포를 상징하는 명소로 자리 잡았다.

조선 시대부터 유명했던 노적봉

이순신의 호국 전설이 담긴 노적봉 이야기는 언제부터 목포 사람들 사이에서 회자되기 시작했을까? 과거의 역사에 기대어 후대에 창작된 것은 아닐까 하는 궁금증이 생긴다. 그런데 목포가 개항되기 전 조선 시대에 작성된 각종 기록에도 노적봉에 대한 언급이 있어 주목된다.

노적봉이 조선 시대에도 유명했다는 것을 증명하는 가장 중요한 자료는 1872년에 제작된 「무안현목포진지도」다. 이 지도에 노적봉이 아주 크고 분명하게 그려져 있다. 지도에 표기되어 있을 정도면 당시부터 그러한 설화가 면면히 이어져 왔고, 지역의 명소로 널리 알려져 있었다는 명확한 증거가 된다. 적어도 개항 이후 새롭게 창작된 설화는 아닌 것이

무안현목포진지도
수군 기지인 목포진과 주변의 형세를 추상적으로 표현해 놓은 지도로, 노적봉이 크고 분명하게 표시되어 있다.

입증된다.

그런데 이 지도에는 노적봉과 별개로 '노인암'이라는 바위가 표기되어 있어 흥미롭다. 목포사람들 사이에는 "일제강점기에 일본인들은 호국 전설이 담긴 노적봉의 의미를 격하시키기 위해 '노인암'이라 비하하여 불렀다"는 구전이 전해져 왔다. 이 때문에 노인암은 노적봉을 비하하는 명칭인 것으로 인식되어왔다. 그러나 일본인들의 의도적인 왜곡과는 달리 노적봉과 노인암은 동시대에 공존했던 별개의 바위였다는 점을 이 지도가 보여준다. 이는 노적봉 설화와 관련하여 목포사람들도 잘 모르고 있었던 부분이다.

우리가 몰랐던 노적봉 설화의 원형

목포 원로들조차 '노인암'에 얽힌 이야기에 대해서는 아는 이가 거의 없었다. 조선 시대 지도에 표기되어 있을 정도면 당시부터 널리 알려져 있었을 것인데, 그 내력을 확인할 길이 없었다. 지도가 추상적이기 때문에 '노인암'의 위치를 특정하기도 어려웠다.

그 의문을 해결해준 자료는 조선 말기에 초대 지도군수로 부임한 오횡묵이 남긴 『지도군총쇄록(智島郡叢鎖錄)』이었다. 오횡묵은 1897년 4월 24일 현 신안군 압해도를 순시하는 과정에서 잠시 목포를 경유했다. 이때 목포사람들은 지역의 명소인 노적봉 설화를 오횡묵에게 자랑하듯 들려주었다. 오횡묵은 지역 사람들에게 들었던 유달산 노적봉과 노인암에 대한 내력을 다음과 같이 남겨 놓았다.

"위에 노인암이 있고 가운데에는 노적암이 있다. 아래에는 도적암이 있다. 사람들이 말하기를 노인이 적으로부터 노적을 지키고 있는 형상이라 한다."

즉 노인암은 노적봉을 지키고 있는 노인의 형상을 한 바위이다. 노인암은 지금도 현존하고 있는데, 유달산 등구 계단 바로 위에 자리하고 있다. 노적봉을 바라보는 허리가 굽은 노인 형상이다. 안내문에는 '쥐바위(일명 복바위)'라 표기되어 있다. 도적암은 현 시민의 종 바로 뒤편 바위 군상을 지칭한다. 멀리서 보면 도적들이 숨어서 뭔가를 염탐하는 형세다.

오횡묵의 기록에 담긴 내용은 목포사람들이 원래 인식하고 있었던 노적봉 설화의 원형에 해당한다. 단순히 노적봉 하나만 있는 것이 아니라 그것을 훔치려는 도적과 지키는 노인이 한데 어우러져 있다.

노적봉 설화에 왜적으로부터 노적을 지키는 노인의 존재가 등장한다는 점은 많은 시사점이 있다. '노적봉'이 이순신의 전략을 상징한다면, '노인암'은 목포권 민중의 애국정신을 상징하는 것이다. 단순히 어떤 영웅에 대한 전설이 아니라 목포사람들의 민중의식이 반영된 호국 유적으로서 더 큰 가치가 있다. 호남 의병의 구국 활동과 애향 정신이 재조명되고 있는 현시점에서 목포 노적봉의 설화는 더 소중한 의미로 다가온다.

노인암이 훼손되지 않고 지금까지 보존되고 있는 것은 다

목포시민의 자부심 노적봉 유달산 등산로 정문 앞에 호국 전설이 담긴 노적봉이 자리하고 있다. 맨 위쪽의 바위를 자세히 보면 마치 사람의 얼굴과 닮았다. 이를 두고 목포사람들은 이순신의 모습이 노적봉에 나타난 것이라고 한다.

행스러운 일이다. 노적봉은 원래 유달산 일등봉에서 내려오는 능선과 연결되어 있었다. 그런데 일제강점기 일본인 거주 지역과 연결하는 도로를 개설하는 과정에서 노적봉은 유달산 능선에서 떨어져버린 형태로 남았다. 다행히 노인암은 이 길을 만드는 과정에서 화를 면할 수 있었다. 그러나 노적봉과 노인암 사이에 생긴 도로로 인해 두 유적의 연관된 의미가 후손들에게 제대로 전달되지 못했던 것 같다.

　최근에는 노적봉과 관련된 새로운 이야기들도 등장하

고 있다. 노인암 쪽에서 노적봉의 정상부 쪽을 응시하면, 마치 사람 얼굴이 하늘을 향하고 있는 모습처럼 보인다. 그래서 목포 문화관광해설사 사이에서 호국 전설이 담긴 노적봉에 이순신 장군의 얼굴이 나타나고 있다는 이야기가 생겨났다. 노적봉 버전의 큰 바위 얼굴 이야기가 새롭게 탄생한 것이다. 아쉽게도 호국의 영웅 이순신의 얼굴을 확인할 수 있는 영정이 남아 있지 않다. 저마다 상상 속에서 이순신의 얼굴을 떠올려야 하는데, 노적봉에 보이는 얼굴이 자신이 생각하는 이순신의 얼굴이라고 상상해보는 것도 여행을 즐기는 흥미로운 방법이 될 것 같다.

• **노적봉 예술공원** : 노적봉의 우측 바로 아래 자락에는 노적봉 예술공원
  이 있다. 2009년에 개관한 예술공원의 미술관에는 목포를 빛낸 예술인
  들과 대한민국 예술원 회원의 소장품이 마련되어 있다. 최근에는 목포
  를 대표하는 서양화가 김암기 화백의 전시관이 새롭게 조성되었다.

• **시민의 종** : 노적봉 우측으로 연결된 길을 따라 뒷동산으로 들어가면, 목
  포 '시민의 종'이 자리하고 있다. 새로운 21세기를 기념하기 위해서 목포시
  에서 지난 2000년에 완성한 것이다. 시민의 종은 희망의 21세기를 상징
  하는 의미로 21t 중량으로 제작되었다. 목포의 시화인 백목련, 시목인 비
  파나무가 조각되어 있고, 목포시의 기상과 염원을 표현하기 위해 목포를
  상징하는 세 마리 학이 힘차게 비상하는 모습이 담겨 있다. 종각의 현판
  에는 고 김대중 전 대통령의 친필이 새겨져 있다.

• **다산목** : 노적봉 주변에 '다산목'으로 알려진 여자 나무가 또 하나의 볼거
  리로 자리를 잡았다. 노적봉에서 시민의 종이 있는 공원 방향으로 들어
  가는 길의 왼편에 자리하고 있다. 진입로를 정비하는 과정에서 이 나무
  의 기이한 형태가 사람들의 시선에 노출되어 신비로운 설화들이 더해졌
  다. 요즘은 호국 전설의 사적지인 노적봉보다도 오히려 단체관광객들에
  게 더 인기가 있다.

07 연희네슈퍼

목포의 레트로 1번지 서산동 시화골목

서산동은 개항 이후 목포로 모여든 사람들이 유달산의 비탈
진 언덕에 자리 잡으면서 형성된 동네이다. 유달산 자락의
자연 지형 위에 골목길이 복잡한 형태로 만들어졌고, 그 주
변에 민가들이 들어서면서 언덕 위에 골목 마을이 형성된 것
이다.

바다와 가까워서 목포항과 다도해를 바라보는 풍광이 매
우 뛰어나고, 서산동 마을의 경관도 이색적이다. 정형화된
틀 없이 꾸불꾸불 자유분방한 형태의 독특한 경관이 사람들
의 호기심을 자극한다. 부산의 감천동이나 통영의 동피랑에
비교되는 곳이 목포의 서산동 시화마을이다.

문화유산이 된 백년의 골목길

항구도시 목포에서 항구와 바다를 기반으로 살아가는 사람들이 가장 많은 곳이 서산동이다. 주민 대부분이 어선의 선원이나 해안가의 어류 가공 업체 등에서 일을 하며 살아왔다. 그만큼 이 동네에서 살아온 사람들의 이야기가 항구도시 목포와 가장 잘 어울리는 곳이기도 하다.

서산동은 서쪽의 산이라는 의미다. 1897년 목포가 개항된 후에는 이곳을 러시아산이라고 불렀다. 개항기에 러시아가 이 일대를 영사관 부지로 매입했기 때문이다. 실제 러시아가 영사관을 건립하지는 않았지만 동네 어른들에게는 러시아산이 익숙한 이름으로 구전되어 왔다. 일제는 이곳에 '욱정(旭町)'이라는 지명을 붙였다. 산 너머에서 해가 떠오르는 곳이라는 의미다. 해방 이후에 '서산(西山)'으로 개명되었다.

서산동 아래 해안가에는 일제강점기에 면화와 관련된 여러 공장 시설들이 들어섰다. 목포항이 전남 각지에서 생산한 면화(육지면)를 일본으로 옮겨가는 거점항으로 활용되면서, 그 주변에 많은 조면공장들이 생겼고, 면실유를 제조하는 조선제유회사가 한국 최초로 서산동 인근 해안가에 조성되었다. 조선제유는 나중에 일화제유로 이름이 바뀌었는데, 서산

서산동 마을 전경 목포의 옛 모습과 사람들의 삶이 그대로 담겨 있다. 골목길 일부가 목포시 문화유산으로 지정될 만큼 생활상이 담긴 독특한 경관유적으로서 특징적이다.

동 주민들 중에는 일화제유에서 면실유를 정제하고 남은 찌꺼기를 가져다가 쌀겨를 섞어 새까만 비누(일명 똥비누)를 만들어서 생계를 유지하는 경우도 있었다. 목포항이 쌀과 면화의 항구로 번성하던 시절, 정작 이곳에 살던 한국인들의 삶은 그리 녹록하지 못했다.

이곳의 골목길은 '보리마당 골목길'이라는 이름으로 현재 목포시 문화유산 29호(2016.7.28.)로 지정되어 있다. 해안로 127번길과 보리마당로로 연결되는 골목길은 목포 해안가 마을의 전형적인 모습을 보여준다. 그동안 단위 건물이나 비석 같은 것이 시 문화유산으로 지정되어 왔는데, 목포 사람들의 삶과 옛 경관이 담긴 골목길도 지역의 향토문화유산으로서 가치가 높다는 의견에 따라 골목길을 지정한 것이다.

목포의 여러 골목길 중 시 문화유산 후보지를 고를 때, 1순위로 선정된 곳이 이곳 서산동 지역의 골목길이다. 목포항이 내려다보이는 보리마당에서 서산동 해안가로 연결되는 지역에 남아 있는 골목길의 형태가 잘 보존되어 있고, 바다와 함께 어우러진 풍경이 가장 목포답다는 평가를 얻었다.

목포항이 보이는 마을 전망대, 보리마당

서산동 마을의 정상부 쪽에는 주민들이 '보리마당'이라고 부르는 곳이 있다. 사실 '보리마당'이라는 명칭은 지역마다 많이 남아 있다. 대개는 주민들이 모여 도리깨를 이용해 보리타작을 하던 넓은 공간에 붙여지는 이름이다. 어찌 보면 어느 동네나 다 있을 법한 보리마당이 서산동에서 더 유명해진 것은 이곳에서 바라본 목포항의 경치가 매우 아름답기 때문이다.

구불구불 골목을 따라 형성된 서산동의 마을 경관과 목포항을 지나는 선박들이 어우러진 바다 풍경은 한 폭의 그림 같다. 특히 밤에 보는 목포항의 야경은 매우 낭만적이다. 목포항과 제주를 오가는 대형 카페리가 출항을 알리는 기적 소리를 내면서 지나가는 모습을 보기 위해 그 시간에 일부러 보리마당을 찾는 사람들도 있다. 목포사람이 아니면, 잘 모르는 숨겨진 뷰포인트이다. 이곳에는 노부부가 하는 작은 상점이 있는데, 주인장의 요리 솜씨가 일품이라 목포의 낭만 가객들은 이곳에서 목포의 밤바다와 함께 취하는 특별한 재미를 즐겨 찾는다.

골목길 담벼락에 펼쳐진 특별한 서산동 이야기

최근 서산동 골목길은 시화마을로 유명해졌다. 주요 골목에 목포의 예술인들이 지은 아름다운 시화가 장식되어 있다. 무엇보다 이 서산동 시화 골목이 인기를 모은 것은 전문예술인들의 작품 외에 이 동네 주민들이 직접 자신의 생애를 담아 만든 시와 그림이 그려져 있기 때문이다. 담벼락에 새겨진 시화를 살피다 보면 그 집 어르신이 살아온 인생을 간접 경험하게 된다.

시화마을의 출발은 2015년부터 2017년까지 목포대 도서문화연구원에서 진행한 인문도시사업이었다. 인문도시사업은 인문학 진흥을 위한 사회교육 사업으로 교육부에서 공모사업으로 진행한 것이다.

사업의 주요 내용은 시민들을 대상으로 하는 아카데미 강좌 운영이었는데, 강좌만 하고 끝낼 것이 아니라 뭔가 의미 있는 일을 해보자고 의견이 모아졌다. 그래서 기획된 것이 서산동 해안가 마을에서 시화전을 개최하는 것이었다.

서산동의 역사성과 골목 문화에 대한 인문적 성찰을 토대로 시인과 화가들이 결합하여 만든 시화전이 열렸다. 목포의 시인 15명이 서산동과 보리마당, 다순구미(온금동의 우리말 지명)를 주제로 30편의 시를 쓰고, 이를 화가 8명이 벽화 작품으로 제작하였다.

일회성 전시가 아니라 상설 전시를 위해 주민들과 소통하면서 허락을 받고, 주민들이 스스로 작품을 만드는 작업도 병행했다. 주민들의 생활공간에 벽화를 남기는 것은 언제나 위험부담이 따르는 일이다. 외부인의 시선 속에 주민들의 삶까지 구경거리로 전락해서는 안 되기 때문이다.

다행히 서산동 시화전에 대한 반응이 좋았고, 주변에 예술인들이 하나둘 모여들기 시작하면서 지금은 특색있는 시화마을로 자리를 잡아가고 있다. 서산동은 행정부에서 많은 예산을 투자하여 만든 곳이 아니라 지역 예술인들의 자발적 참여와 주민들과의 소통을 통해 만든 공간이라는 점에서 특별한 의미가 있다.

최근에는 이곳에 '바보마당'이라는 예술인촌이 새롭게 생겨났다. '바다가 보이는 마당'이라는 의미인데, 시화마을과 보리마당이 연결되는 지점의 빈집을 활용하는 아기자기한 예술 공간들이 마을에 새로운 활기를 불어넣고 있다.

영화 '1987'의 연희네슈퍼

서산동 시화마을이 인기를 모으게 된 계기에는 '연희네슈퍼'도 큰 몫을 했다. 1987년 6월 항쟁을 주제로 한 한국영화 '1987'에 여주인공 연희와 연희네슈퍼가 등장한다. 서산동의 옛 슈퍼 건물이 그 촬영장으로 활용되었고, 이후 목포시에서 영화 속 세트장을 그대로 재현하여 현재 관광자원으로 활용하고 있다.

영화 '1987'의 흥행과 함께 영화 속에서 매우 중요한 장소

영화 '1987'의 촬영지 서산동 시화마을의 인기를 높여준 연희네슈퍼 모습. 제작진은 평범한 소시민인 주인공의 공간을 표현하기 위해 언덕이 있는 작은 마을을 찾으러 전국을 다녔는데, 1980년대의 정취를 간직하고 있는 목포 서산동의 풍경이 영화와 가장 잘 어울렸다고 한다.

로 나왔던 연희네슈퍼가 목포에 있다는 것이 알려지면서, 서산동을 찾는 사람들이 늘어났다.

연희네슈퍼와 시화마을이 함께 어우러지면서 시너지 효과가 생겼다. 요즘 유행하는 레트로(복고주의) 감성을 자극하면서 사람들 사이에서 조금씩 알려지기 시작했다. 관광객이라고는 구경하기 힘들었던 한적한 동네에 사람들의 발걸음이 이어지자 주민들도 신기한 표정이다. 강동원과 김태리가 머물렀던 곳에서 기념사진을 찍고, 추억의 골목길을 걷는 목포의 새로운 명소로 자리를 잡고 있다.

연희네슈퍼 바로 안쪽에는 일제강점기에 조성한 대형 방공호도 있는데, 관광객들이 자유롭게 탐방할 수 있도록 개방되어 있다. 가정집 안에 숨겨져 있던 역사의 현장이 관광자원으로 활용되면서, 이 지역의 신비감과 매력이 빛을 발하고 있다.

연희네슈퍼 방공호는 태평양 전쟁말기 연합군의 공중 폭격을 피하기 위해 일제가 한국인을 동원하여 만든 인공 동굴이다. 이 방공호는 총길이가 31m다. 이렇게 규모가 큰 방공호가 조성된 것은 주변에 일본인들이 많이 거주했기 때문이다.

연희네슈퍼 바로 앞쪽으로 연결된 도로는 일제강점기 유

곽이 있던 길이다. 지금도 당시 유곽의 형태를 한 건물들이 몇 채 남아 있어 일제강점기 옛 유곽거리의 풍경도 엿볼 수 있다.

다순구미 마을과 조선내화 공장

서산동 바로 인근에는 '다순구미'라 불리는 동네가 있다. 유달산 능선을 경계로 서산동과 갈라진 곳에 이웃한 해안가 골목마을이다. 볕이 따스하게 비치는 곳이라는 의미로 '다순구미'라 불리는데, 한자로는 따뜻할 온(溫)자와 비단 금(錦)자를 써서 온금동이라 한다.

다순구미 해안가를 목포 사람들은 째보선창이라 불렀다. 개항 후 이 일대를 매립하여 배를 끌어다가 매어놓기 좋게 항만시설을 설치했는데, 그 모양이 'ㄷ'자형이어서 째보선창이라 불렀다.

다순구미 마을에는 독특한 문화유산들이 많이 남아 있다. 첫 번째는 한국현대사의 산업유산으로 가치가 인정되어 2017년에 등록문화재 제707호가 된 조선내화주식회사 구 목포공장이다. 벽돌을 만드는 내화공장으로 우리나라 산업화 시대에 꼭 필요한 기반시설이었다.

공장 내부의 소성 가마, 건조기 등의 시설물이 본래 위치에 그대로 있고, 이와 함께 내화물 원료의 유입, 저장에서 분쇄, 성형, 건조, 소성 등에 이르는 일련의 작업 과정을 확인할 수 있어 희소성 있는 산업 유산이다.

이 지역과 관련하여 온금동 재개발을 추진하는 쪽에서는 조선내화 공장이 포함된 부지에 대규모 아파트 단지를 지을 계획을 가지고 있었는데, 공장부지가 등록문화재가 되면서 당초 계획을 수정해야 하는 상황이다.

조선내화 목포공장의 지붕 철거 전 모습 1947년에 회사를 설립한 후 만든 공장시설이다. 공장의 철골구조와 벽돌을 굽던 가마, 공장 굴뚝 등 해방 후 산업시설이 잘 보존되어 있다. 현재는 지붕을 철거한 채 새로운 문화공간으로의 활용을 고민 중이다.

지금도 여전히 다순구미 마을의 현 경관을 유지하면서 문화마을로 만들어가자는 의견과 아파트 건축 재개발을 통해 마을을 현대화해야 한다는 의견이 맞서고 있는 곳이기도 하다. 조선내화 회사 측에서는 조선내화 창업의 역사가 담겨 있는 옛 공장시설들을 문화 공간으로 재탄생시켜 목포를 대표하는 새로운 명소를 만들어보겠다는 의지를 가지고 있다.

이외에도 다순구미 마을 위쪽 능선에는 마을의 안녕을 기원하는 제사를 지내던 다순구미 산제당의 흔적이 남아 있고, 마을 중심에는 주민들의 생명수 역할을 했던 '큰샘'과 관련 공덕비가 있다. 마을 뒤 유달산 둘레길에는 개항 후 목포에 거주했던 경상도 출신 인사들이 단합대회를 하고 1921년에 조성한 경상도우회 기념석이 큰 바위에 새겨진 채로 보존되어 있기도 하다. 호남의 대표도시로 알려진 목포에 경상도 출신들이 많이 이주해 살았음을 보여주는 독특한 유적이다.

다순구미 마을 앞 해안가에는 목포 고하도와 바다를 조망할 수 있는 해안 쉼터가 조성되어 있다. 서산동 시화마을과 온금동 다순구미 마을은 바쁜 일상에서 벗어나 근대도시 목포에서 한적한 해안가 어촌마을의 풍경과 문화를 즐기고자 하는 사람들에게 조금씩 입소문이 나고 있다.

08 창성장

도시재생의 상징이 된 목포 까사 1호

최근 목포를 찾는 여행객들이 가장 많이 하는 질문은 "창성장이 어디에요?"다. 창성장이 유명해진 것은 2019년 1월 15일 한 방송사에서 목포 근대역사문화공간과 관련된 뉴스를 집중적으로 보도한 이후부터다. 언론의 간접 홍보 덕분에 창성장은 목포 근대역사문화공간을 찾는 이들의 필수 코스이자, 목포 원도심 도시재생의 상징과 같은 존재가 되었다.

개항 후 대화정 1정목 거리

창성장 앞 거리는 일제강점기 목포에서 가장 번화했던 지역이다. 당시 주소로 '대화정(大和町) 1정목'에 해당한다. 대화정은 일본인들이 거주하는 공간 중 가장 핵심 지역에 붙는 주소다. 목포에서 그 기준점이 된 건물은 목포부청이었다. 원래 1900년에 일본영사관으로 지었다가 한일강제병합 후 목포부청으로 사용했던 건물의 바로 앞 도로를 대화정이라 부른 것이다.

이훈동정원 앞 도로에서 창성장을 지나 갑자옥 모자점 앞까지가 옛 대화정에 해당한다. 대화정은 총 3정목으로 구분되어 있었는데, 그중 창성장 거리 구역이 '1정목'이었다. 공간적으로 당시 목포경찰서(현 초원실버타운) 앞에서 역전 방향과 선창 쪽 상가 방향으로 갈라지는 교차로다. 개항 후 이 거리에는 문구점, 양품점, 과자점 등이 즐비했다.

『목포사진첩』에 실린 창성장 앞 거리 풍경 개항35주년 기념 사진첩에 실릴 정도로 창성장 앞 거리는 당시 목포의 대표적인 상업지구였다.

창성장 앞 거리는 '목포 근대역사문화공간'이라는 이름의 문화재청 등록문화재 718호 구역에 포함되어 있다. 이 지역은 역사성이나 현존 근대문화유산의 경관 상태로 볼 때 매우 중요한 곳이다. 목포 도시사를 조금이라도 아는 사람이라면 쉽게 이해할 수 있는 부분이다.

다시 태어난 1964년 창성장

일제강점기 창성장 자리에는 여러 가지 요리를 술과 함께 파는 고급 요정이 있었다고 한다. 그래서인지 건물 내부에 일본 건축의 특특한 특징인 중정(中庭)의 형태가 남아 있다. 중정은 집 안쪽에 만든 작은 정원으로 일본 민가에서 발달한 양식이다.

조금은 은밀했던 이 공간이 여관으로 이용되기 시작한 것은 1964년 무렵이다. 당시 여관의 이름이 창성장이었다. 이 일대는 선창, 목포역과 가까워서 여관이 많던 동네였다. 창성장도 그중 하나다. 현 창성장에는 일본식 건물과 한옥식 건물이 공존한다. 본 건물과 따로 분리된 별채는 한옥 건물인데, 이 별채의 대들보에 '갑진 9월(甲辰 九月)'이라 적혀 있다. 갑진년은 1964년으로 창성장이 문을 연 해를 알려준다.

창성장 입구에는 하얀색 배경에 검정색 글씨로 '창성장'이라 적힌 세로형 간판이 있다. 그럴듯한 새 이름을 붙일 법도 한데, 원래 있었던 여관의 이름을 그대로 사용한 것이 인상적이다. 여관 이름을 처음 들으면, 다소 올드하다는 느낌을 받을 수 있다. 그러나 이곳이 원래 창성장이었던 옛 여관 건물을 수리해서 다시 재생시킨 것이라는 사연을 알게 되면, 옛 이름을 그대로 사용한 것이 남다르게 다가올 것이다.

입구 간판의 위쪽에는 '목포 까사(Mokpo Casa) 1'이라고 적혀 있다. 까사가 뭐냐고 질문하는 이들도 많다. 까사(Casa)는 스페인어로 주택을 의미하는데, 쿠바 등에서는 여행자에게 내어줄 수 있도록 허가받은 집을 상징한다. 요즘 우리나라에서 즐겨 사용되는 게스트하우스와 유사한 의미인데, 부르기가 더 편한 느낌이다. 목포에 여행객들이 많아지고, 이런 공간이 하나둘 늘어나기를 희망하는 마음이 담겨 있다. 창성장이 목포 까사 1호인 셈이다.

창성장은 좁은 골목을 통해서 들어가야 하는데, 이 골목 길을 지나 창성장에 들어서면 건물의 외부 색채가 매우 화사하다는 느낌을 받는다. 건물 외부는 붉은색, 1층 거실용 공용공간은 오렌지색으로 마감되어 있다. 옛 건물을 새롭게 재생시키면서, 오래된 공간이지만 현대적 감각이 느껴지게 색감을 구성했다. 원래의 건물은 회색빛으로 어두운 느낌이었는데, 서양화가 강주희 씨가 창성장의 색채를 동양적인 붉은색 톤으로 꾸몄다.

내부 공간에는 원래 창성장에서 사용되던 물건들이 전시되어 있다. 객실의 옛 텔레비전, 50년이 넘은 괘종시계 등이 눈길을 끈다. 건물 벽면의 옛날 타일도 교체하지 않고 그대로 두어 이 자체가 창성장의 역사를 보여준다.

창성장의 또 다른 장점은 2층과 옥상에 테라스 공간이 있

창성장 2층 테라스와 별채 옛 건물을 살려 건물 구조를 만들었다. 도심 속의 붉은색 건물이 강렬하면서도 포근한 느낌을 준다.

다는 점이다. 목포 역사의 뿌리인 목포진 언덕이 가까이 있고, 유달산의 풍경도 눈에 들어온다.

창성장은 요즘 유행하는 도시재생의 측면에서 주목되는 사례다. 도시재생사업은 침체된 도시를 다시 살리는 작업이다. 그런 의미에서 원래 여관이었던 곳을 다시 여관 기능을 하는 공간으로 부활시켰다는 면에서 시사하는 바가 있다. 공간의 재활용뿐만 아니라 기능의 연속성이라는 측면에서도 도시재생사업의 의미와 잘 맞아 떨어진다.

창성장 거리의 근대문화유산

창성장 앞 거리에는 목포 개항 후에 지어진 근대 건축물들이 원형대로 잘 남아 있다. 초원실버타운 자리에는 개항 후 목포경찰서와 소방서가 있었다. 그 앞으로 당시 꽤 유명했던 송촌 문구점 건물이 지금도 남아 있다. 건축물대장에는 1935년 준공으로 등록되어 있다. 일제강점기 건축물대장의 일체 정비가 1935년에 이루어져 현재 남아 있는 대부분의 근대 건축물의 서류상 기록이 1935년으로 되어 있다. 1920년대 목포 상업지도에 이미 송촌 문구점이 표기되어 있어 실제 건축연도는 그보다 빠르다.

이 건물의 최초 소유자는 마쓰무라 쇼스케였다. 그는 목포전등 주식회사, 조선내화공업 주식회사, 목포금융조합 등의 임원으로 활동한 일본 상인이다. 송촌 문구점은 일제강점기 목포에서 운영되던 대표적인 문구점 중 하나였는데, 특이하게 이곳에서 〈깔다구〉라는 이름의 잡지가 발행되기도 했다. 바닷가이고 갯벌이 많았던 목포에는 깔다구(하루살이 곤충)가 많았는데, 개항 초기 목포하면 깔다구가 생각나서 그런 이름이 붙여졌다고 전해온다.

현재 종일슈퍼로 이용되고 있는 이 건물은 외형 자체가

구 송촌 문구점 창성장 앞 교차로에는 근대 건축물이 많이 남아 있다. 종일슈퍼였다가 현재 카페로 사용되고 있는 송촌 문구점도 그중 하나다.

매우 독특하다. 건물이 자리한 도로(삼각형 교차점)에 맞게 다각형 형태로 지어졌고, 모서리 전면에 아치형 창문을 설치하여 멋스러움을 더했다. 1층은 상가, 2층은 주택으로 사용이 가능한 구조다. 2층 주택부에는 좁은 복도를 따라 작은방이 여러 개 늘어서 있다. 건물 외형과 독특한 내부구조 등이 원형대로 잘 보존되어 있어 등록문화재 718-9호로 등록되었다. 명칭은 '목포 해안로 교차로 상가주택'이다.

뜨거웠던 2019년 1월

2019년 1월 목포의 겨울은 매우 뜨거웠다. 한 방송국에서 목포 근대역사문화공간과 관련된 의혹 보도를 시작한 이후 거의 모든 언론사가 출동하여 창성장 주변에 상주하는 진풍경이 벌어졌다. 목포라는 도시가 이런 대대적인 관심을 받아본 적이 있었을까 싶을 정도였다. 언론에서는 검증되지 않은 온갖 추측성 기사를 연일 보도하였다. 이 일대가 등록문화재 구역이 되면서 주변의 집값이 4배까지 폭등했고, 그 안에 모 국회의원과 관련된 집들이 포함되어 있다는 내용이었다. 심지어 별로 안 중요한 구역이 특정 국회의원의 압력으로 문화재로 등록되었다는 의혹까지 무분별하게 나왔다.

오랫동안 근대문화유산 보존 활동을 해왔고, 당시 화제가 되었던 목포시 근대역사문화공간 신청서 작성에 참여했던 나에게는 정말 황당한 이야기였다. 문화재청의 실사 때 현장 안내를 했고, 국회의원 10명이 국정감사 기간에 이 사업과 관련하여 현장 점검을 왔을 때도 목포 근대역사문화공간에 대한 소개와 현장 안내를 직접 했었기 때문에 평가자들의 분위기를 누구보다 잘 알고 있다. 현장을 둘러본 관계자들은 이구동성으로 문화재청이 추진하는 근대역사문화공간 조성 사업에 목포가 가장 좋은 조건을 가지고 있다고 했다. 의혹 방송이 보도된 후 본의 아니게 매우 분주한 시간을 보냈다. 지역의 현실이 왜곡 보도되는 것을 막기 위해 각종 언론사의 인터뷰 요청에 응하다 보니 하루에 수십 명의 기자를 상대해야 할 정도였다.

전국에서 가장 많은 근대 유적이 밀집해 있는 곳이 목포 개항장이다. 목포시민들은 오랫동안 지역의 근대문화유산을 보존하기 위해 노력해왔다. 유적이 많이 남아 있게 된 배경에는 원도심 지역이 재개발되지 않았다는 점도 한몫했다. 사실 이 일대는 재개발이 쉽지 않은 지역이다. 그 이유는 바로 문화재 때문이다. 창성장이 있는 곳은 전라남도 문화재인 목포진지와 붙어 있고, 인근에 전라남도 기념물인 구 동양척식회사 목포지점과 국가사적인 구 목포일본영사관이 있다. 구 목포일본영사관 건물이 국가 사적이 된 것이 1981년이고, 목포진지가 전라남도 문화재가 된 것이 1987년이다. 거의 30~40년 전에 이미 이 일대는 문화재현상변경보호구역에 포함되었다. 이 때문에 대규모 아파트 단지나 대형 주상복합 건물이 들어서기 어렵다. 통상적으로 생각하는 투기 대상 지역이 되기는 불가능한 지역이다.

좋지 않은 일로 연일 방송에 목포 이야기가 오르내렸지만, 홍보 효과는 컸다. 관련 현장을 직접 찾아오는 사람들이 늘어났고, 그 효과는 지금도 지속 중이다. 물론 부작용도 생겼다. 필요 이상의 기대 심리가 작용하여 주요 건축물의 공공자산화에 빨간불이 켜졌다. 이는 슬기롭게 극복해야 할 과제로 남았다. 문화재청이 공간 중심의 등록문화재 사업을 시도한 것은 문화재와 도시 개발이 상생하는 문화공간으로 발전시키자는 취지였다. 그러한 원래의 목적이 효율적으로 달성될 수 있기를 희망한다.

09 목포항

목포의 상징이자 신명 나는 항구축제의 현장

목포는 축제의 도시이기도 하다. 사계절 예향 남도의 멋과 낭만이 가득한 축제들이 끊임없이 열린다. 남도의 봄소식이 전해오는 4월의 유달산봄꽃축제를 시작으로 목포의 자랑인 세계마당페스티벌, 목포항구축제, 문화재야행, 목포건맥축제, 북항노을축제, 크리스마스트리축제 등 다채로운 문화행사들이 가득하다.

특히 가을에는 매주 크고 작은 문화축제가 열려서, 낭만 항구 목포가 예술의 향기로 가득해진다. 그 가운데 목포시를 대표하는 축제로 목포항에서 개최되는 목포항구축제와 원도심 길거리에서 펼쳐지는 세계마당페스티벌을 뽑을 수 있다.

1흑 3백의 항구에서 수산항으로

'목포는 항구다'라는 말은 '목포'를 생각하면 가장 먼저 떠오르는 이미지다. 가수 이난영이 1942년에 발표한 히트곡의 제목이기도 하고, 같은 제목의 한국영화도 있었다.

조선 시대 수군 기지였던 목포는 1897년 개항을 통해 국제 항구도시로 변모했다. 목포진을 기준으로 좌우의 갯벌에 해벽을 설치한 후 신시가지 형태의 항구가 만들어졌다. 새로운 항구의 기준점이 된 곳은 옛 수군 기지에 있던 정박 시설이었다. 이곳에 국제항을 출입하는 선박을 대상으로 관세를 걷는 해관이 들어서면서 주변이 항구도시로 발전하였다.

일제강점기의 목포항은 '1흑 3백'으로 유명했다. 1흑은 김(해태), 3백은 쌀, 면화, 소금을 칭한다. 목포항으로 주변 서남권의 주요 특산물들이 모여들었고, 그중에서도 1흑 3백에 해당하는 품목들의 거래가 활발했다.

개항 당시 목포는 호남지역의 쌀을 일본으로 보내는 역할을 했다. 당연히 주변의 쌀들이 목포로 모여들었다. 이와 함께 섬 주민들이 생산한 김과 소금의 거래도 활발했다. 목포항이 다른 항구에 비해 더욱 특화된 품목은 면화였다. 1904년 목포 앞바다에 있는 고하도에서 미국산 육지면이 시험 재

목포항 전경 현재 목포 여객터미널에서는 많은 항로가 운영되고 있고, 신안, 진도, 완도 등의 주변 해역에서 어업 활동을 마친 고깃배들이 모여든다. 목포항의 또 다른 자랑은 이곳에서 목포의 대표축제인 '목포항구축제'가 열린다는 점이다.

배에 성공한 것이 계기였다. 이후 전남은 육지면 생산의 중심지가 되었고, 생산된 육지면은 목포로 모여들어 일본으로 옮겨졌다.

'1흑 3백'과 관련된 목포항의 기능은 해방이 되면서 급격하게 쇠퇴했다. 일제강점기라는 특수한 상황이 사라졌기 때문이다. 반대로 목포항 고유의 기능이 되살아났다. 목포항은 다도해의 관문이자, 서남해 황금어장을 연결하는 거점 수산항이라는 장점이 있다.

신명 나는 파시 한판, 목포항구축제

목포의 항구는 여객터미널이 있는 앞 선창(목포항)과 목포 사람들이 '뒷개'라 부르는 북항 두 권역으로 구분되어 있다. 목포항 여객터미널에서는 신안군의 비금, 도초, 흑산, 홍도 등으로 연결되는 여객선과 제주도로 다니는 카페리호의 전용 선착장이 있고, 여객터미널의 좌우로 어선들이 잡아온 물고기를 경매하는 수협 공판장과 목포종합수산시장이 있다.

고깃배들은 주로 삼학도와 마주하고 있는 목포 내항으로 모여든다. 이곳이야말로 '목포는 항구다'라는 말의 진면목을 느낄 수 있는 장소다. 출항을 준비하는 어선의 모습을 가까이

서 볼 수 있고, 특히 조기가 많이 잡히는 가을에는 그물에 잡힌 조기를 떼어내느라 분주한 어민들의 모습을 볼 수 있다.

매년 가을 이곳에서는 목포의 해양문화를 보존하고 널리 알리기 위한 '목포항구축제'가 열린다. 이 축제는 '목포해양문화축제'라는 이름으로 2006년에 처음 개최되었고, 이후 해양문화의 개념이 너무 광범위하다는 지적에 따라 2015년부터 '목포항구축제'로 명칭이 변경되었다. 개최 시기도 봄, 여름 등 몇 차례 변경되다가 최근에는 가을로 정착했다.

목포항구축제의 모티브는 황금어장에 대한 어민들의 추억이 담긴 '파시(波市)'이다. 파시는 말 그대로 파도 위의 시장이다. 물결을 따라 해상을 이동하며 물고기를 사고파는 시장을 뜻한다. 파시라는 용어는 일반적으로 물고기가 잡히는 어기(漁期)에 따라 섬이나 해안가에 형성되는 임시 시장을 칭하는 것이며, 좀 더 포괄적으로는 시장이 열리는 지역(공간)이라는 의미도 포함되어 있다.

파시에서는 어선과 상선 사이에 어획물의 매매가 이뤄지고, 그 규모에 따라 어민과 상인들을 고객으로 하는 음식점, 숙박시설, 위락시설, 상점, 선구상 등이 형성된다. 임시 시장의 형태가 근대에 들어서는 상설 어시장 형태로 변화하는데 그 대표적인 장소가 목포항이다.

파시는 해안가 사람들에게 매우 친숙한 단어이며 어민들이 가장 살기 좋았던 황금시대를 상징하는 용어이기도 하다. 파시는 한민족의 어로 활동과 관련된 문화적 산물이며, 해양문화의 역동성을 보여주는 생활문화 유산이라는 점에서 문화콘텐츠 자원으로서의 가치도 크다.

목포항은 주변 섬 지역의 황금어장과 연결되는 중심항구다. 과거 흑산도 조기파시, 임자도 민어파시, 하의도 봉도 꽃게파시, 비금도 깡다리(황석어)파시 등 섬마다 크고 작은 파시 문화가 존재했는데 지금은 그 흔적을 찾기 어렵다. 목포항구

목포항구축제의 파시 경매 목포항구축제는 2006년부터 열린 목포의 대표적인 축제다. 축제 기간 동안 배 위에서 열리는 생선 경매를 체험할 수 있다.

축제는 이러한 전통적인 파시 문화를 현대적으로 되살리기 위한 것이다.

풍어를 기원하는 파시 길놀이를 시작으로 항구에서 펼쳐지는 선상파시 경매, 전통한선체험, 노젓기 대회, 어로도구 전시 등 다양한 프로그램이 마련된다. 또한 예향 목포를 대표하는 시립예술단체가 최고 수준의 멋진 공연도 선보인다. 목포에는 교향악단, 합창단, 연극단, 무용단, 국악원, 소년 소녀합창단이 시립으로 운영되고 있는데, 목포항구축제 기간에는 시립예술단들의 공연을 한자리에서 볼 수 있다. 매년 목포의 대표적인 전설을 모티브로 여러 시립예술단체가 협연하는 합동 공연도 만날 수 있다. 시민들이 직접 만든 '어등 터널'은 항구의 밤을 밝히는 멋진 야간 조명 역할을 하며, 목포항구축제의 대표 포토존으로 널리 알려지고 있다.

길거리에서 펼쳐지는 세계마당페스티벌

목포시민들이 가장 애착을 갖고 자랑하는 문화축제는 목포 세계마당페스티벌이다. 줄여서 '마페'라고 부른다. 세계마당 페스티벌은 생활현장인 거리에서 펼쳐지는 길거리 예술축제 의 형태다. 이는 목포의 대표적인 연희전문 예술단체인 극단

갯돌에서 세계마당아트 진흥회를 결성하여 추진하고 있는 행사로 지난 2001년에 처음 개최된 후 매년 지속되고 있다. 목포 원도심의 중심인 오거리와 차 없는 거리 일대에서 다양한 마당극과 예술 공연이 펼쳐진다.

평소 접하기 어려운 해외 길거리 예술가들이 한자리에 모이고, 전국적으로 유명한 마당 극단들이 매년 세계마당페스티벌을 찾아온다. 전문 예술가 외에 시민들에게 무대를 내어주기도 하고, 지역민들과 함께 만드는 시민연극도 선보인다. 마당극 외에도 아이들이 좋아하는 마술쇼, 인형극 등 프로그램의 성격도 다양하다.

매년 기획 이슈를 마련하여 시대정신을 반영하고 '목포로컬스토리'라는 이름으로 지역의 역사와 문화유산을 소재로 한 특별프로그램도 마련하고 있다. 최근 목포의 근대문화유산이 널리 알려지면서 이를 배경으로 한 스토리텔링 공연과 관광프로그램 개발이 유행하고 있는데, 그 선구자 역시 세계마당페스티벌이었다.

나는 현장에서 그 공간과 문화유산의 가치를 들려주고, 예술인들이 그 유적의 성격에 맞는 다양한 공연을 선보여 역사 여행의 즐거움을 배가시키는 일들을 해왔다. 단순히 즐기

세계마당페스티벌의 풍경 세계마당페스티벌이 열리면 목포 구도심은 활기가 넘친다. 최근 이 축제의 스타로 떠오른 '옥단이' 복장을 한 사람들의 행렬이 보인다.

는 축제에 그치는 것이 아니라, 소외된 공간과 이야기에 다시 관심을 갖게 만드는 역할도 하고 있다. 나의 숙원이었던, 1949년 목포형무소탈옥사건의 희생자 위령제, 일제강점기 고하도에 있었던 목포감화원의 존재를 알리는 퍼포먼스 행사도 세계마당페스티벌의 특별행사로 치뤄졌다.

최근 세계마당페스티벌이 만든 최고 스타는 목포 물장수를 모티브로 한 대형 옥단이 인형이다. 물장수 '옥단이'는 실존 인물이자 목포사람들이 각기 기억하는 모습이 다양한 전설적인 인물이기도 하다. 물지게를 지고 있는 옥단이 캐릭터를 이용하여 움직이는 대형 인형을 개발해서 축제 프로그램에 활용하고 있는데, 최고의 인기를 누리고 있다. 해외 초청 공연을 다니기도 하고, 목포의 여러 행사에 포토존으로 전시되고 있다.

세계마당페스티벌의 공연은 주로 야간에 이루어진다. 목포 원도심의 경기 침체로 요즘은 밤 9시만 되면 인적이 드문 거리가 되는데, 세계마당페스티벌이 열리는 기간에는 거리가 사람들로 넘쳐난다. 평소 소식이 뜸했던 지인들을 길거리에서 자연스럽게 만나게 될 정도로 많은 이들이 세계마당페스티벌을 즐기기 위해 원도심을 찾는다.

세계마당페스티벌은 가장 목포다운 예술성과 시민들과 함께하는 공동체 정신이 담겨 있는 민간주도형 문화축제이고, 무엇보다 남녀노소 누구나 편안하게 즐길 수 있는 축제다. 개최 시기는 매년 조금씩 달라지는데 최근에는 8월 말과 9월 사이에 개최되고 있다.

10 민어의 거리

바다의 맛과 목포 9미(味)

전국으로 여행을 다니는 사람들이 공통으로 하는 이야기는 '전라도는 음식이 맛있다'는 것이다. 맛뿐만 아니라 푸짐하다는 것도 전라도 음식의 자랑이다. 흔한 백반집 음식이 다른 지역의 고급 한정식보다 더 다양하게 나와서 놀란다는 이야기를 많이 한다. 전라도 음식이 맛있는 것은 무엇보다 신선한 재료가 풍부하고, 음식의 근본이 되는 소금과 장이 발달했기 때문이다.

그중에서도 목포는 '항구의 음식, 바다의 맛'으로 명성을 얻고 있다. 목포의 맛을 만날 수 있는 대표적인 곳은 민어의 거리, 목포종합수산시장, 건어물상가, 백반골목 등이다.

황금어장의 해산물로 즐기는 목포 대표 음식

목포는 1897년 10월 1일 개항 후 항구도시로 발전했다. 근대 도시 목포의 장점은 주변과 연결되는 교통수단이 잘 갖춰졌다는 점이다. 1914년 호남선이 개통되었고, 목포항을 중심으로 주변 섬 지역과 촘촘하게 연결되는 해상 네트워크가 구축되었다. 이때부터 목포를 중심으로 무안, 신안, 진도 등 서남권의 바다에서 어획된 수산물이 목포항으로 모여들었고, 싱싱한 수산물은 목포가 '맛의 도시'로 발전하는 자원이 되었다. 수산물이 생산되는 곳은 목포 주변의 황금어장이고 그것이 모여 음식문화로 발전하여 소비시장을 이루는 도시가 목포였다.

목포시의 대표 음식은 '목포 9미(味)'로 정리된다. 목포시에서는 지역의 대표 음식물 9가지를 선정하여 목포 9미라는 이름으로 홍보하고 있다. '목포 구경' 와서 '목포 9미'를 맛보고 가라는 의미이다. 공교롭게도 목포 9미는 모두가 바다 음식이다. 홍어삼합, 세발낙지, 민어회, 꽃게무침, 갈치조림, 우럭간국, 병어회(찜), 아구탕(찜), 준치무침이 그것이다.

지난 2019년 3월 목포시는 '맛의 도시 목포' 선포식을 개최하고, 한국을 대표하는 맛의 고장으로 육성하기 위해 노력하고 있다. 그 기반이 목포 9미이다. 목포시에서는 대표적인 음식점을 목포의 '으뜸 맛집'으로 선정하여 홍보하고 있다.

2019년에는 6월 22일 목포가 국제 슬로시티로 인증되면서, 슬로푸드에 대한 관심도 늘고 있다. 여러모로 목포의 음식 문화에 대한 인지도가 높아지고 있으며, 순수하게 목포의 먹거리를 즐기기 위해 목포를 찾는 사람들도 많아지고 있다.

민어의 거리에서 제대로 맛보는 민어회

사실 생선요리는 항구나 해안가에서 흔히 접할 수 있는 음식이다. 그러나 민어는 목포에 와야만 제대로 맛볼 수 있는 귀한 생선으로 정평이 나 있다. 민어는 백성의 물고기라 불린다. 이름에 백성 민(民)이 들어가기 때문이다. 과거에는 가장 흔히 잡히는 물고기였고, 당시 백성들이 즐겨 먹던 음식이라서 그런 이름이 붙은 게 아닌가 추정된다.

민어의 영문명은 크로커(croaker)다. 민어가 바닷속에서 '부욱 부욱'하는 울음소리를 내기 때문에 붙여진 이름이다. 실제 옛 어민들은 전통적으로 속이 빈 나무를 민어가 지나다니는 해로에 넣고, 그 울음소리를 듣고 민어를 잡는 방식을 사용했다. 민어의 울음소리가 마치 조선 시대에 힘들게 살아가는 백성들의 울음소리와 닮아서 민어(民魚)라는 이름이 붙어진 게 아닐까 하는 상상을 해보기도 한다.

가장 흔한 물고기였던 민어가 지금은 가장 비싼 생선이 되었다. 1kg당 판매가로 비교했을 때 물고기 중 민어가 실질적인 가격이 가장 높다. 그 귀한 생선요리를 제대로 즐길 수 있는 민어 요리의 본고장이 바로 목포 민어의 거리이다.

목포 근대역사문화공간의 한복판에 민어의 거리가 있다. 1969년에 문을 열어 전국적으로 유명해진 영란 횟집을 비롯하여 포도원, 유달, 중앙, 유림, 청자 등 민어를 전문으로 하는 음식점이 밀집해 있다. 물론 민어의 거리 외에도 북항이나 하당 신도심의 먹거리 골목에서도 민어는 빠지지 않는 단골 메뉴다.

민어는 성질이 급해 육지에 올라오면 금방 죽는다. 그래서 싱싱한 활어 상태로 먹는 회보다 약간 냉장 후 선어 상태로 먹는 방식이 발달했다. 민어를 처음 먹어보는 사람 중에는 간혹 생선이 신선하지 않다고 오해하는 경우도 있는데, 민어 고유의 식감에 빠져들면 그 맛을 잊지 못할 정도로 중독성이 강하다.

민어의 뱃살과 부레는 민어회의 백미로 꼽힌다. 뱃살은

다른 부위보다 깊은 맛이 나고, 마치 껌을 씹는 느낌을 주는 부레는 기름소금에 찍어 먹으면 그 고소한 식감이 일품이다. 회로 먹는 것 외에도 말린 민어를 맑은 국물과 함께 먹는 민어간국, 민어전, 민어찜 등 요리법에 따라 다양하게 즐길 수 있다.

특히 민어는 최근에 여름철 보양식으로 인기가 높다. 보양탕에 대한 거부감이 있는 사람들에게는 민어가 그 틈을 채워주는 역할을 한다. 목포권 사람들은 여름철에 가족들 친구들과 모여 민어를 나눠 먹는 것이 새로운 음식문화로 자리를 잡았다. 정약전이 지은 『자산어보』에는 '산란기를 앞둔 여름철에 갓 잡아 올린 것이 가장 맛있다'고 기록되어 있다. 허준

민어회 일반 생선은 알을 밴 암컷이 더 맛있는데, 민어는 반대로 수컷이 더 찰지고 고소하다.

의『동의보감』에도 '민어는 맛이 달고 성질이 따뜻하며, 여름철 냉해지는 오장육부의 기운을 돋우고 뼈를 튼튼하게 해준다'고 되어 있어 민어가 여름철 건강에 도움이 되는 음식임을 알 수 있다.

목포가 민어의 고장으로 발전한 것은 신안군 해역에서 민어가 많이 잡히기 때문이다. 조선 시대부터 임자도의 민어는 매우 유명했다. 임자도에서 유배 생활했던 김령의 유배일기에 민어에 대한 내용이 등장할 정도이다.

남쪽 먼바다에 있는 민어가 여름철이 되면 산란을 위해 갯벌이 발달한 연안으로 북상하는데, 임자도는 그 길목에 해당하는 곳이다. 그래서 시기적으로 7~8월에 민어가 가장 많이 잡히고 맛도 좋다.

일제강점기에는 이른바 민어를 잡기 위해 모여든 사람들을 위한 '타리(임자도 앞 타리도)파시'가 전국적으로 명성을 떨쳤다. 임자도에서 많이 잡힌 민어는 목포 어시장으로 보내져 판매되고, 항구도시 목포의 음식문화로 정착했다.

전라도 음식의 상징, 홍어

전라도를 대표하는 음식은 뭐니 뭐니 해도 역시 '홍어'다. 전라도 사람들의 잔칫상에 홍어가 빠지면 안 된다는 말이 있다. 손님을 모셔놓고 홍어를 대접하지 않으면 성의가 없다고 핀잔을 듣기 일쑤기 때문이다.

그만큼 홍어를 즐기는 사람들이 많고, 홍어를 먹는 것이 전통문화로 자리를 잡았다. 홍어는 먼바다에서 주로 잡힌다. 우리나라 서해안에 광범위하게 서식하고 있는데, 흑산도나 인근 서해에서 잘 잡힌다. 그래서 흑산 홍어를 최고 명품으로 친다.

홍어는 마름모꼴의 모양에 몸이 넓고, 붉은빛을 띤다. 흔히 붉은색 때문에 홍어라고 불린다고 생각하기 쉽지만, 한자로는 홍어(洪魚)이다. 홍(洪)은 큰 바다를 의미한다. 홍어는 큰 바다의 깊은 밑바닥에 서식하기 때문에 잡기 쉽지 않은 어종이다.

목포 선창가에는 목포종합수산시장이 있다. 각종 수산물을 종합적으로 취급하는데, 홍어 전문점이 많은 특화시장이다. 홍어는 흑산 홍어가 으뜸이지만, 워낙 귀한 대접을 받는 상황이라 가격이 비싸다. 그래서 흑산 홍어보다는 수입 홍어가 폭넓게 유통되고 있다. 전국 홍어의 80%가 이곳에서 거래된다고 하니, 그야말로 홍어의 메카이다. 목포종합수산시

홍어삼합 홍어를 맛있게 즐기는 방법 중 하나는 돼지고기, 김치와 함께 '삼합'으로 먹는 것이다. 홍어를 처음 먹어봐서 익숙하지 않은 사람도 삼합으로 먹으면 비교적 쉽게 홍어의 맛을 음미할 수 있다.

장은 택배를 통해 전국으로 홍어를 공급하는 역할을 한다.

홍어는 삭혀서 먹는 대표적인 음식이다. 냄새가 독한 음식 세계 2위로 선정되었을 정도로 삭힌 홍어에서는 코를 자극하는 냄새가 난다. 이 냄새 때문에 홍어를 처음 접하는 사람들은 거부반응을 보이기도 한다. 이 냄새는 홍어가 발효되면서 체내의 요소가 암모니아로 분해되기 때문에 발생하는 것이다. 그러나 홍어의 맛은 중독성이 강하다. 한번 홍어의 깊은 맛을 느끼기 시작하면, 그 맛을 잊지 못하고 또 찾게 된다.

나도 그 강한 쉰 냄새가 싫어서 성인이 될 때까지 홍어를 입에도 대지 않았었는데, 전라도 사람의 음식 DNA가 있는 것인지 나이를 먹으면서 자연스럽게 홍어의 찰지고 고소함이 다른 생선회는 따라갈 수 없음을 느낀다.

원산지인 흑산도 사람들은 싱싱한 회로 먹는 것이 일반적이다. 홍어를 삭혀서 먹게 된 배경에 대해서는 다음과 같은 이야기가 전해온다. 흑산도 해역에서 잡힌 홍어를 내륙까지 실어나르다 보면, 꽤 긴 시간이 소요된다. 옛 유배인의 기록을 보면 보통 4일에서 7일이 소용되는데, 중간에 날씨 사정이 안 좋으면 그 시간은 더 길어지기 마련이다. 그 과정에서 홍어가 자연 발효된다. 그런데 어느 순간 그렇게 발효된 홍어를 버리지 않고 먹었는데도 아무 탈이 없고 맛도 좋아서 하나의 음식문화로 자리 잡았다고 한다.

정약전의 『자산어보』에는 나주 사람들이 홍어를 삭혀서 먹는다는 기록이 있어 조선 시대부터 삭혀 먹는 음식문화가 있었음을 알 수 있다. 조선 후기 표류기(『표해시말』)로 유명한 문순득의 직업이 홍어를 사다가 내륙에 판매하는 것이었으니 당시부터 홍어가 인기 높은 상품이었음이 확인된다.

홍어와 막걸리를 같이 먹는 것을 '홍탁'이라고 하는데, 막걸리와 같이 먹을 때 홍어의 단맛이 더 강해져서 잘 어울린다. 홍어는 회로 즐기는 것이 가장 일반적이지만, 무침, 찜, 애국, 전 등 다양한 방식의 요리법이 있다.

홍어의 부위 중에는 물컹거리면서도 딱딱한 식감이 좋은 홍어 코와 부패 속도가 빨라 산지가 아니면 먹기 힘든 홍어 아가미 살을 최고로 친다. 술 좀 마신다는 사람들은 홍어 애국을 최고의 해장국으로 칭송한다.

갯벌의 인삼, 낙지

민어와 홍어가 사람들의 입맛에 따라 호불호가 조금 갈리는 음식이라면, 누구나 좋아하고 쉽게 먹을 수 있는 음식은 목포의 낙지요리다. 특히 세발낙지가 유명하다. 세발낙지라고 하면 발이 세 개인 낙지로 생각하기 쉽지만, 발이 가늘다는 뜻으로 세(細)발낙지라는 이름이 붙었다.

좀 더 크기가 크고, 갯벌에서 잡힌 낙지를 흔히 '뻘낙지'라 부른다. 갯벌의 품질이 가장 좋기로 유명한 목포 인근 섬과 해안의 갯벌에서 어민들이 직접 손으로 잡은 낙지가 맛이 더 좋다. 물론 낚시(주낙) 방식으로 바다에서 낙지를 잡기도 하는데, 맛과 인기가 좋은 것은 역시 펄(뻘)에서 직접 잡은 낙지다.

영산강 하구언이 생기기 전까지 목포 주변의 갯벌에서 낙
지가 많이 잡혔다. 지금은 신안과 무안 갯벌에서 주로 낙지
가 생산되어 목포로 공급되는 상황이다. 목포에서는 세발낙
지를 나무젓가락 끝에 끼워서 돌돌 말아 통째로 먹는다. 이

육회탕탕이(위)와 연포탕(아래) 붉은색의 소고기와 흰색 낙지가 어울려 비주얼도 좋고, 식감이 다소 질긴 낙지와 부드러운 육회가 조화를 이룬다. 생으로 먹는 것이 부담스럽다면 연포탕을 추천한다.

렇게 먹을 줄 알아야 진정한 낙지 미식가로 통한다.

좀 더 굵은 낙지는 주로 토막을 내어 산 채로 먹는데, 이를 '탕탕이'라고 부른다. 도마 위에 놓고 낙지를 자를 때 칼과 도마가 부딪치는 소리가 "탕 탕 탕" 하고 나기 때문에 생긴 이름이다. 요즘은 낙지에다가 소고기 육회를 합친 '육회탕탕이'가 유행하고 있다.

낙지요리는 산 낙지로 먹는 것 외에도 연포탕, 회 초무침, 낙지호롱, 낙지비빔밥, 갈낙탕 등 다양한 방법으로 조리해 먹는다. 심지어 냉면에도 낙지를 넣어 먹기도 한다.

꿈틀거리는 산낙지가 먹기 부담스러운 사람은 맑은 국물과 함께 하는 연포탕으로 시작하는 것이 좋다. 연포탕은 된장을 조금 풀어서 조개, 고추, 파, 마늘 등과 함께 끓여서 만드는 것인데, 낙지를 부드럽게 즐기고 싶은 사람들에게 제격이다.

보통 연포탕은 뜨겁게 끓이는 것이 일반적이지만, 신안 하의도 같은 섬에서는 연포탕을 차갑게 해서 냉연포로 먹는 등 지역마다 낙지요리를 즐기는 방식도 다양하다. 연포탕 외에 초무침을 해서 낙지를 부드럽게 먹는 요리도 이 지역의 별미 중 하나다.

낙지는 목포권 외에 남해안 지역에서도 생산되는데, 맛

의 차이가 크다. 특히 남해안 지역의 낙지는 이 지역 낙지보다 훨씬 질겨서, 목포사람들은 낙지의 식감만 가지고도 목포 낙지인지 수입산인지 남해안 낙지인지 금방 구분할 수 있다. 목포의 대부분 횟집에 낙지요리가 있지만, 낙지만 전문적으로 하는 유명한 맛집들도 많다. 낙지는 지친 황소의 기운도 되살려주는 음식이라고 표현할 정도로 기력 회복에 좋은 음식이다.

목포 9미의 특별한 맛

목포 주변 진도군의 서망항은 꽃게로 유명한 지역이다. 꽃게의 부드러운 속살을 발라서 비빔밥으로 먹는 '꽃게살 무침'이 대표적이다. 그 외에 꽃게탕, 양념게장, 간장게장 등을 주력으로 하는 음식점도 많다.

목포에서 빼놓을 수 없는 생선요리는 '목포 먹갈치'다. 보통 갈치는 은빛으로 알려져 있는데, 목포 갈치는 그물을 통해 어선에서 잡는 과정에서 갈치들이 서로 부딪치면서 피부의 색상이 상처를 입어 회색빛으로 변한다. 그래서 목포 갈치를 먹갈치라고 부르게 되었다. 종류가 다른 게 아니고, 잡는 방식 때문에 생겨난 말이다.

예전에는 갈치가 비교적 흔한 생선요리였는데, 지금은 상당히 고급 음식 메뉴에 들어간다. 시기를 잘 맞추면 목포에서는 갈치 낚시를 직접 체험할 수도 있다. 목포 평화광장 일대에서는 매년 8월부터 11월 사이 갈치 낚시가 성행한다.

이외에도 귀족 생선으로 유명한 병어를 이용한 병어회와 찜요리, '썩어도 준치'라는 속담으로 알려진 준치를 이용한 준치 비빔밥, 가장 흔한 생선이면서도 구이와 맑은 간국에 제격인 우럭 요리, 예전에는 먹지도 않았다고 할 정도로 흔했고 못생긴 생선의 대명사였지만 지금은 국민 요리로 자리를 잡은 아귀를 활용한 찜과 매운탕 전문점들이 목포의 선창가와 북항, 하당의 신도심 먹거리촌 등에 즐비하다.

중깐, 쑥꿀레 등 목포만의 독특한 음식들

수산물 외에 목포의 유명한 향토 음식을 즐기고 싶다면, 갈비를 전문으로 하는 식당을 이용해 보는 것도 좋다. 지금은 수산물 요리가 대세이지만, 과거에는 영양 보충이나 회식에 고깃집이 더 인기가 많았다.

특히 목포는 항구도시라는 특성상 주변의 섬사람들이 목포에 나왔다가 들어가기 전에 고기로 영양을 보충하고 가는 경우가 많아 고깃집도 많았다. 대표적인 메뉴는 떡갈비다. 선창이나 목포역 인근 원도심에는 갈비를 주메뉴로 하는 전문점이 많다. 선창가 성식당을 비롯해 목원동 영암갈비, 곰집갈비, 나무포 등이 대표적인 고기 전문 식당이다.

목포에서만 즐길 수 있는 독특한 지역 음식에도 여행객들의 호기심이 높아지고 있다. 전국에서 목포에만 있는 짜장면인 '중깐'을 먹어보는 것도 신선한 재미다.

중깐은 곱게 다진 야채와 돼지고기를 춘장에 강한 화력으로 볶은 다음 가늘게 뽑은 면에 비벼 먹는 짜장면이다. 중깐이라는 이름은 '중화루의 간짜장'을 칭하는 말에서 유래했다. 중화루는 1950년에 개업한 목포의 대표적인 중화요리 전문 식당이다. 중화루는 코롬방제과점 바로 앞에 자리하고 있다. 노적봉으로 가는 오르막길의 입구 우측에 자리한 태동반점도 중깐을 판매하는 대표적인 중국음식점이다.

목포사람들에게 추억의 음식이자 입맛 없을 때 찾는 별미로 지금까지도 애용되는 음식 중 '쑥꿀레'라는 것이 있다. 쑥꿀레는 쑥을 빚어 만든 찹쌀떡 경단에 콩고물을 묻힌 후 묽은 조청에 굴려 먹는 간식이다.

목포의 대표 빵집이자 오거리의 상징인 코롬방제과점은

전국 5대 빵집 중 하나로 알려져 있다. 목포역과 가까워서 목포 방문객들이 목포를 떠나기 전에 들러서 빵을 사가는 장소가 되었다.

11 유달산

기암괴석이 아름다운 다도해 전망대

목포의 상징 유달산(儒達山)은 어머니의 품처럼 따뜻하게 목
포를 감싸주는 산이다. 유달산에서 바라보는 다도해의 풍경
은 정말이지 황홀함 그 자체다. 넓은 바다 위에 끝없이 펼쳐
진 섬들의 풍경이 어디론가 떠나고 싶은 나그네의 마음을 자
극한다.

유달산(정상 228m)은 그리 높지 않고, 등산로가 잘 정비되
어 있어 가벼운 복장으로도 쉽게 정상까지 오를 수 있다. 유
달산을 한 바퀴 둘러볼 수 있는 둘레길이 조성되어 있어 힘
들이지 않고 편안하게 산책하듯이 유달산을 일주할 수 있다.
2019년 9월 유달산과 고하도를 연결하는 해상케이블카가 개
통되어 더 많은 이들이 찾고 있다.

낙조대

아리랑고개
홍법대사상 ● 일등봉
봉후샘 ●
어민동산 ●
유달산케이블카
승강장
소요정 ● 이등봉
삼등봉 ●
유선각 ● 달성사 ● 보광사
유달산둘레길
목포시사
특정자생식물원 ●
해상케이블카
이난영 노래비
조각공원 ●
북항스테이션
오포대
● 이순신 장군 동상
● 노적봉(큰바위얼굴)

— 등산로

유달산 안내도 시민들을 위한 휴식 공간과 역사가 있는 문화유적이 유달산 곳곳에 분포
해 있다.

유달산 등구의 포토존, 이충무공 동상

목포사람들이 유달산을 오르는 방법은 다양하다. 유달산 일
주도로 주변 어느 곳이나 산책로와 등산로가 잘 연결되어 있
어 특별히 정해진 코스 없이도 자유로운 산행이 가능하다.
그러나 외부에서 온 관광객이라면 노적봉 앞쪽에 있는 정문
을 통해 오르는 것이 짧은 시간에 유달산의 진면목을 만끽하
는 좋은 방법이다.

등구 계단을 올라가면 늠름한 이충무공 동상을 만날 수 있

다. 충무공 정신을 구현하기 위하여 1974년에 세워졌다.

이은상이 만든 비문에는 다음과 같은 내용이 담겨 있다. "목포 앞바다에는 장군의 숨결이 배어들었고 지금도 다도해 하늘을 바라보면 장군의 모습이 나타난다. 저 산, 저 바다에 서려 있는 님의 맹세 조국의 제단에 자기 한 몸 바치셨네, 피 묻은 발자국 따라 나도 그 길 가오리다." 동상의 뒷면에는 "충무공 정신을 구현하기 위한 목포시민의 정성을 모아 호국하신 이순신 장군의 동상을 세웁니다. 여기에는 충무공의 피와 땀이 어린 고하도의 흙을 간직하여 이 동상으로 하여금 충무공 얼을 빛나게 하고 있습니다."라고 기록되어 있다.

유달산 이충무공 동상 이 동상은 우리나라에 세워진 많은 이충무공 동상 가운데 문화부(문공부)에 등록된 제1호로 알려져 있다.

시간을 알리는 대포, 오포대

오포대는 유달산 등산로 중 첫 번째 쉼터인 대학루 앞에 전시되어 있다. 이것은 일제강점기에 정오(正午) 시간을 알리는 신호기구였다. 원래는 1909년 4월 1일 노적봉 자락에 해당하는 옛 측후소 동산에 설치했다가 일제 말기에 일본이 공출로 거둬가버린 것을 1988년에 복원한 것이다.

오포가 설치되었던 시기에 목포에서는 점심때면 "오포 텄다 밥 먹으러 가자" 하는 노동자들의 소리와 "오포 텄어 밥 줘" 하는 아이들의 소리가 유행했다. 시간을 알리면 주변 사람에게 "오포 텄냐?"라는 식으로 물어보기도 했다. 나중에

유달산 오포대 현재 오포대는 유달산을 찾는 관광객과 이 지방 후손들의 역사교육자료로 활용되고 있다.

오포가 사라지고 사이렌 소리가 그 기능을 대신했지만, 여전히 우리 지역에서는 "오포 분다"라는 표현을 사용했다.

목포 원로들의 증언에 의하면 학도병이 목포역에서 출발할 때도 오포에서 포를 터트렸다고 한다. 전쟁의 도구를 생활의 도구로 이용했다는 점이 인상적이기도 하고, 일제강점기의 강압적인 사회 분위기를 느낄 수 있다.

유달산 최고의 전망대, 유선각

유달산에는 탐방객들을 위한 쉼터이자 다도해 전망대가 곳곳에 설치되어 있다. 대학루, 달선각에 이어 세 번째 높이에 조성된 쉼터가 '유선각(儒仙閣)'이다. 유달산 중턱에 위치하고 있는 유선각은 목포항에 입출항하는 선박과 시가지, 삼학도와 영산호, 다도해의 전경을 한눈에 볼 수 있는 유달산 최대의 전망대다.

최초 건립 시기는 1932년 10월 1일이다. 처음에는 무안에서 문중 재각을 사서 옮겨와 유선각을 세웠다고 알려져 있다. 그 후 태풍으로 몇 차례 원형이 훼손되었고, 현재의 건물은 1973년 8월 1일 목조 원형의 옛날 모습을 되살려 철근콘크리트로 개축한 것이다. 유선각에서는 멀리 영암의 월출산이 보

유달산 유선각 유선각의 볼거리 중 하나는 누각의 정면에 걸려 있는 유선각 현판이다. 이는 해공(海公) 신익희의 글씨다. 이 글씨는 1951년 신익희 선생이 목포를 방문하는 길에 유달산에 들렀다가 남긴 것이다.

이고 햇빛에 빛나는 바다 위로 유유히 지나가는 배들도 내려다보여 한 폭의 그림 같은 풍경을 감상할 수 있다.

유선각 앞에는 유선각 중수를 기념하기 위하여 1973년 8월 1일에 세운 유선각 표비(標碑)가 있는데, 이 역시 놓쳐서는 안 되는 볼거리다. 이 기념석에는 다도해 전망대 유선각의 정취를 한마디로 표현한 최고의 명문이 적혀 있다.

"흰 구름이 쉬어 가는 곳입니다. 세 마리의 학이 고이 잠든 푸른 바다의 속삭임을 새벽 별과 함께 귀를 기울이고 있습니다."

이 글은 수필가이자 목포 예총의 산파 노릇을 했던 다목동 차재석(車載錫)이 쓴 글이다. 목포의 낭만과 멋스러움이 함축적으로 담겨 있다. 유선각에 오르면 꼭 이 글을 읽고 예향 목포의 낭만을 만끽했으면 한다.

마당바위와 손가락바위

유달산은 두 개의 큰 봉우리로 구분된다. 가장 높은 곳인 일등봉과 그다음인 이등봉이다. 목포사람들은 흔히 일등바위, 이등바위라고 부른다. 사실 전통적인 관념으로 보면 산의 정상부를 바위로 표현하는 경우는 없다. 천황봉, 구지봉처럼 사연이 있는 이름에 봉우리 봉(峰)자를 붙여 쓰는 것이 일반적인데, 유달산은 특이하게 봉우리를 일등바위, 이등바위라고 칭해왔다.

그 유래가 명확하지는 않지만, 일제강점기에 붙여진 일본 잔재로 추정된다. 일본인들은 유독 번호를 붙여서 이름을 붙이기를 좋아했다. 학교, 은행 등에 제일, 제이 등 숫자를 붙인 것이 그런 사례다. 그러한 일제강점기 때의 관행이 무의식적으로 현시대에까지 연결되어 목포에는 1호 광장, 2호 광장처럼 어울리지 않는 지명이 지금도 남아 있다. 아마 유달산 봉우리의 이름도 그런 방식으로 무성의하게 붙여진 것이 아닌가 싶다. 그럼에도 불구하고 오랜 세월 동안 목포사람들에게 일등바위와 이등바위라는 명칭으로 불리면서 이제는 친숙해져버린 상황이다.

정상부인 일등봉까지 올라가는 과정에서 여러 가지 기기묘묘한 바위들과 마주하게 된다. 관광객들은 일등봉 아래에 있는 마당바위까지 올랐다가 내려오는 경우가 많고, 정상을 밟아보고자 하는 이들은 일등봉까지 더 올라간다. 차분히 올라가도 한 시간이면 충분히 정상에 도달할 수 있다.

'마당바위'는 어른 10여 명이 앉아서 쉴 정도의 마당같이 넓은 바위라 하여 붙여진 이름이다. 다도해의 전경이 한눈에 펼쳐져 막힌 숨통이 확 트이는 비경이다. 마당바위 맞은편에는 일등봉 전면이 보이고 중앙에 손가락바위가 있다. 이 바위는 목포의 어느 지역에서나 보이는 것으로 유달산의 상징적인 바위다. 보는 각도에 따라 그 모양이 달라진다. 뭔가 약속하자는 듯 새끼손가락을 내미는 것 같기도 하고, 엄지손가락을 치켜세워 유달산 바위 중 내가 최고라고 과시하는 것처럼 보이기도 한다. 이외에도 유달산에는 고래바위, 흔들바위, 장수바위 등이 있다.

유달산에 새겨진 일본 홍법대사와 88개의 불상

유달산 최정상인 일등봉 아래 경사면 바위에는 일본불교의 상징인 홍법대사상과 그 수호신인 부동명왕상이 조각되어 있다. 이는 일제강점기에 조성된 것으로 전국에서 목포 유달산에만 남아 있는 독특한 유적이다.

이 일본 불교와 관련된 유적이 완성된 시기는 1931년이다. 1897년 목포가 개항한 후 일본인들의 불교가 목포에서도 성행했다. 그중 하나가 진언종인데, 유달산에 상이 조성된 홍법대사는 일본 진언종의 창시자다. 그는 9세기 초 당나라에서 수행한 후 일본에 귀국하여, 여러 곳을 순례하며 불법을 전해 일본 불교의 선각자로 칭송받고 있다. 이 홍법대사가 의자 위에 가부좌를 하고 앉은 모습이 유달산 바위에 새겨져 있다.

부동명왕상은 홍법대사상 좌측 50m 정도 떨어진 곳에 있다. 일등봉 손가락바위의 바로 아래쪽이다. 철퇴를 들고 있는 모습 위에 '부동명왕(不動明王)'이라는 글자가 새겨져 있다. 부동명왕은 불법을 수호하는 5대 명왕 중 하나다. 홍법대사가 중국 유학 후 일본으로 돌아올 때 큰 풍랑을 만났는데, 이 부동명왕이 대사의 항해 안전을 지켜줬다는 설화에 따라 홍법대사가 모셔져 있는 곳에는 부동명왕이 함께 있는 경우가 많다.

또한 일제강점기 일본인들은 유달산에 88개의 불상을 세우고, 이를 '유달산팔십팔소영장(儒達山八十八所靈場)'이라 불렀다. 이는 홍법대사의 생애와 관련이 있다. 그는 중국유학 후 일본 시코쿠 지역을 순례하며 88개의 사찰을 세우거나 중흥시켰는데, 이곳은 지금도 일본 불교 신자들의 수행 코스이자 성지로 활용되고 있다.

일본인들은 이를 축소 재현하기 위해 사찰 대신 88개의 불상을 유달산에 조성한 것이다. 유달산 등구에서 이등봉 일대까지 고르게 불상을 배치하였다. 당시 일본인들은 유달산의 88개 불상을 순례하고, 마지막에 홍법대사상을 참배하였다고 한다.

유달산에 세워진 88개 불상의 크기는 1m 내외다. 받침 부분에 일일이 번호를 새겨 놓았고, 번호 밑에 그 불상을 시주한 일본인의 이름과 현재 거주지, 일본 내 출신지를 표기하였다. 시주자 이름을 보면 목포에 살던 사람들뿐만 아니라 강진, 영암, 해남을 비롯해서 제주도에 거주하고 있는 일본인들의 이름까지도 등장하고 있다. 불상은 외부에서 제작한

일본 진언종의 창시자 홍법대사가 새겨진 바위 마당바위에 오르면 홍법대사상을 한눈에 조망할 수 있다. 마당바위 아래로 내려가 일등봉 등산로 방향으로 가면 바로 앞에서 살펴볼 수도 있다.

후 유달산 바위 위에 고정하였다.

이 88개의 불상은 해방 후에 모두 파괴되거나 도굴되었다. 현재는 불상이 세워져 있던 터와 파편들만 여기저기에서 발견된다. 당시 유달산에 조성된 88불 가운데 일부가 타지역 사찰이나 개인 사찰 등에 보존되고 있는 사례가 종종 발견되어 흥미롭다. 광복 후 일제 잔재를 파괴하는 과정에서 외부로 유출된 것으로 보인다.

일본인들은 왜 유달산에 이러한 불상들을 조성했을까?

목포 원로들이 전하는 설화에 따르면 유달산의 혈을 끊어놓기 위해 이 88개의 불상을 조성했다고 한다.

공간적 위치를 보면 홍법대사상은 바다를 향해 앉아 있고, 그 수호신인 부동명왕은 당시 한국인 마을을 내려다보는 위치다. 지금은 유달산에 나무가 많아져 잘 보이지 않지만, 당시 한국인들의 거주지에서 유달산 일등봉을 올려보면 부동명왕상이 한눈에 들어왔을 위치다. 식민지 한국인들을 위압하는 형세를 띠고 있는 것이다.

반면 일본인들 입장에서는 자신들이 가장 숭배하는 승려에 대한 종교적인 행위였을 가능성이 높다. 침략자인 그들도 고향을 떠난 타지에서 종교적으로 기댈 장소가 절실했을 것이다. 물론 일제강점기라는 특수 상황에서 그들의 종교적 행위는 곧 식민 지배의 수단이었음을 잊지 말아야 한다.

유달산의 일본 불교 유적은 목포가 과거 식민시대를 겪었던 나라의 항구도시이기 때문에 나타나는 문화적 산물이다. 일각에서는 이 불상들이 일제 종교 침탈의 잔재이므로 지금이라도 반드시 철거해야 한다는 견해도 있다. 그러나 현시점에서 식민 잔재라는 이유로 역사의 흔적을 인위적으로 지우려고 하는 것은 바람직하지 않다. 오히려 식민지 시대의 아품과 일제의 행위를 증명하는 현장이자 역사교육의 자원으로 활용하는 방법을 고민해야 한다. 물론 이 역시 사회적 합의와 공론화가 필요하다.

한국 최초의 야외 조각공원, 유달산 조각공원

유달산에는 이색적인 전시공간들도 마련되어 있다. 대표적인 곳이 조각공원이다. 이 공원은 목포 시가지가 한눈에 내려다보이는 유달산 이등봉의 아래 자락에 자리하고 있다. 유달산 조각공원은 우리나라에서는 최초로 조성된 야외 조각공원으로 1982년 10월 문을 열었다.

한국 조각 예술의 진수를 보여주는 조각공원은 유달산의 기암괴석과 아름다운 조화를 이루어 목포의 자랑거리로 명성을 더해가고 있다. 공원 안에는 조각 작품 외에 야외 음악당, 분수, 휴게소 등의 시설이 있고, 조각공원이 들어서기 전에 있었던 관음사(觀音寺)가 자리하고 있다.

조각공원 외에 난 공원과 자생식물원도 유달산의 볼거리다. 유달산 달성공원 주차장 쪽에 자리한 난 공원은 1983년 5월에 처음 문을 열었다. 전국각지에서 자생하는 한국란을 비롯하여 동양란, 서양란 등이 전시되어 있다.

난 전시관 바로 위에 멸종 우려가 있는 자생식물의 증식 보급과 우리 꽃 문화 전승을 위해 2000년에 개원된 특정자생식물원이 있다. 생태 환경에 대한 체험 학습을 하는 어린 학생들과 가족 단위 탐방객들이 즐겨 찾는 장소이다.

자생식물원 아래에는 유달산 공원을 조성하면서 이주한 철거민들을 기념하기 위해 1979년 12월에 세운 철거민탑이 있다. 유달산의 발전을 위해 정든 터전을 떠나야 했던 철거민들의 정성을 기념하기 위한 것이다.

유달산 어민동산

유달산 일주도로가 끝나는 덕산마을 삼거리(해상케이블카 북항 스테이션)에서 해양대학교가 있는 서쪽으로 돌아가는 방향의 한쪽 면에 어민동산이 있다. 어민동산은 다도해가 한눈에 들어오는 유달산 뒤편 자락에 자리하고 있다. 봄이면 벚꽃과 개나리가 어우러져 봄철에 더 많은 관광객들이 찾아오는 명소다.

어민동산은 바다와 더불어 살다간 해양도시 목포 어민들의 망혼을 위로하고, 해양을 개척해 나가는 어업인의 기상을 기리는 동시에 어민들의 사명감 고취와 시민들에게는 휴식

처를 제공하기 위해 설립했다. 해양수산업을 상징하는 어민 동상과 동산 조성을 기념하는 김지하 시인의 「바다」를 새긴 시비가 대표적인 조형물이다.

국내 최장 길이를 자랑하는 목포 해상케이블카

2019년 9월 6일 목포의 오랜 논란이자 동시에 숙원사업이었던 해상케이블카가 개통되었다. 사실 유달산에 케이블카를 조성하는 것은 해묵은 논쟁거리였다. 관광 개발과 자연환경 보존이 맞서서 추진이 미뤄져 왔는데, 계속해서 침체되는 목포 원도심의 경기를 회복하고 해양관광도시로 발전하기 위한 기반 조성이 필요하다는 여론이 높아지면서 설치가 이루어졌다.

목포 해상케이블카는 국내 최장 거리이자, 최대 높이의 지주 타워로 명성을 얻고 있다. 총 길이 3.2km로 2019년 11월 현재 국내 최장 코스이며, 운행에 편도 20분, 왕복 40분이 소요된다. 콘크리트로 만든 지주 타워가 155m의 높이인데, 전 세계에서 콘크리트로 만든 지주 타워로는 가장 높다. 철탑으로 만든 지주 타워까지 포함하면 세계에서 두 번째로 높은 것이라고 한다.

목포시청 제공

목포시청 제공

목포 해상케이블카 세계에서 가장 높은 155m의 콘크리트 지주 타워의 모습(위)과 금빛 낙조가 눈부신 해 질 무렵 해상케이블카의 풍경(아래)이다.

목포 해상케이블카는 북항, 유달산, 고하도 세 곳에 정거장이 있다. 보통은 북항에서 탑승하여 유달산과 고하도를 돌아오는 코스 혹은 고하도에서 탑승하여 유달산, 북항 정거장을 돌아서 다시 고하도로 오는 코스를 이용한다. 각 정류장에 내렸다가 다시 탑승하는 것이 가능하다.

해상케이블카를 이용하면 일반 등산을 통해서는 볼 수 없는 기암괴석의 모습을 한눈에 볼 수 있으며, 유달산에서 목포항을 가로질러 고하도로 들어가는 해상 코스는 다도해의 아름다운 풍경과 목포항을 드나드는 수많은 여객선과 어선의 모습을 함께 볼 수 있다. 특히 금빛 낙조가 눈부신 해 질 무렵의 풍경은 목포 해상케이블카에서만 볼 수 있는 최고의 장관이라는 평가를 받고 있다.

12 불종대

근대 소방시설의 기억이 담긴 원도심의 상징

'불종대'는 주변의 화재를 감시하기 위해 세운 망루로 일제강점기에 생긴 근대 소방시설이다. 철탑의 꼭대기에서 사람이 주변의 화재를 관찰하고, 위급 상황에 종을 쳐서 불이 났음을 알리는 기능을 했다.

목포사람들은 유독 이 불종대에 대한 많은 기억과 향수를 갖고 있다. 목포 남교동에 자리했던 불종대는 그 원형이 사라진 지 오래되었지만, 오래도록 지역민들에게 기억되어왔고 지금도 도로명으로 사용되고 있다. 최근에는 사라진 불종대를 현대적으로 재현하여 소공원을 조성했다. 주변에 목포 최초의 근대 교육기관인 북교초등학교와 최초의 시장인 남교 중앙식료시장도 있어 함께 보는 것도 좋다.

목포 근대 소방시설의 역사

화재를 예방하고 진화하는 '소방서'는 근대적 공익시설이다. 조선 시대에는 금화도감(禁火都監)이라는 곳에서 관련 업무를 담당했는데, 근대기에 들어 소방서로 발전했다. 일본인들이 많이 살았던 부산, 인천 등 개항장 지역에서 '소방조(消防組)'라는 이름으로 설치되었다.

1897년 목포가 개항된 후 좁은 공간에 빽빽하게 건물들이 밀집된 신시가지가 형성됐다. 화재가 발생하면 그 일대가 순식간에 쑥대밭이 되었다. 호남지역에서 생산되는 쌀과 면화를 목포항으로 옮겨와 일본으로 이송하는 지리적 특성상 목포에는 창고가 많았다. 그 수많은 창고 안에 보관된 화물들을 화재로부터 지켜내는 것은 매우 중요한 과제였다.

이런 배경 때문에 목포에는 비교적 빠른 시기인 1899년 11월에 '목포소방조'가 조직되었다. 목포소방조가 있던 곳은 구 초원관광호텔 자리였다. 이곳은 당시 일본인들이 주로 모여 살던 외국인 거류지역이다.

목포소방조는 일본영사와 일본인 유지 등의 주선으로 수동 펌프 1대와 30여 명의 소방수로 출발했고, 점차 그 시설들을 늘려나갔다. 초기에는 화재업무보다는 부족한 식수를 외부에서 공급하는 역할을 하다가 점차 소방차, 소방시설, 소방 우물 등의 기반시설이 갖춰지면서 전문적인 역할이 강화되어 갔다. 이곳에서는 한국인 소방수를 고용하기도 했다.

남교동에 생긴 한국인 마을의 소방시설

개항 후 생긴 목포소방조의 위치가 일본인들의 거류지역에 치우쳐 있어 한국인 유지들의 불만이 많았다. 화재의 위험은 한국인 마을 쪽이 더 심각했다. 목조 건물이 많은 데다 소방조의 위치가 한국인 마을과는 멀어 화재 발생 시 신속한 대처도 어려웠고, 불이 나는 상황을 감시하기도 쉽지 않았다. 이에 따라 1926년에 목포소방조 남교지서를 설치하고, 화재 예방을 위한 종탑을 만들었다. 이를 목포사람들은 '불종대'라 불렀다.

불종대가 있던 위치는 일제강점기 한국인들이 밀집해서 살던 남교동, 북교동, 죽교동, 양동 등이 연결되는 교차점으로 현 목원동의 중심지역이다. 왼편 오르막길에는 한국인 부유층들이 주로 거주하는 근대 한옥촌이 있고, 우측에는 최초의 근대교육시설인 공립보통학교(현 북교초), 역전 방향으로는 목포 최초의 시장이 있었다. 그 교차점에 세워진 불종대는 어디서나 사람들의 눈에 쉽게 띄었다. 목포사람들에게는 한국인 마을의 상징물, 일종의 랜드마크 같은 역할을 했다.

복원된 불종대 공원

원래 불종대가 세워져 있던 정확한 위치는 현 북교 신협 건물 앞이다. 언제 철거가 되었는지 정확한 기록은 없지만 1970년대까지는 보존되다가 이후 철거된 것으로 구전되고 있다. 현 화신약국에서 왼편 오르막길로 연결되는 구 북교동과 죽교동 일대를 지금은 '불종대길'이라 부른다. 지명에 까지 불종대가 들어가게 된 것은 근대에 대한 기억이면서, 번성하던 시기 목포에 대한 향수이기도 하다.

2014년 국토부에서 추진한 도시재생사업 선도지역으로 목포시 목원동이 선정되었다. 지역의 향토성이 담긴 근대문화유산을 활용하여 침체된 원도심의 활기를 되찾게 한다는 내용이었다. 이 사업을 추진할 당시 목원동 주민들은 불종대의 복원을 건의하였다. 이에 따라 목포시에서 옛 남교 소방지서가 있던 자리를 매입하고, 그곳에 불종대 공원을 조성하였다. 옛 불종대의 모습을 토대로 한 11m 크기의 조형물을 중앙에 설치하고, 주변을 소방 관련 작은 공원으로 꾸몄다.

불종대 공원의 모습 불종대의 옛 모습을 재현해 화재를 감시하기 위한 망루(위)와 초기 소방조에서 사용한 수동 펌프(아래)를 설치해 놓았다.

초기 소방조에서 사용한 수동 펌프를 설치해 놓았고, 당시 화재진화 활동 모습을 담은 벽화, 화재 예방 관련 근현대 포스터 등이 설치되어 지역민들과 탐방객들에게 이색적인 볼거리를 제공하고 있다.

목포 최초의 근대교육기관 북교초등학교

불종대 공원의 바로 위쪽에 목포 최초의 근대 교육기관인 북교초등학교가 있다. 1897년 무안읍에 있는 무안향교의 양사재를 토대로 '무안항 공립소학교'로 창설 개교한 것이 시작이었고, 1901년에 목포의 현 위치로 교사를 이전하여 오늘에 이르고 있다.

북교초등학교는 한국인 최초 노벨평화상 수상자이자 한국의 15대 대통령을 지낸 김대중의 모교로 유명하다. 그 외에도 수많은 인재를 배출한 근대 초등교육의 산실이다. 2019년 2월 기준으로 110회 졸업식이 거행되었고, 총 졸업생 약 31,627명을 배출하였다. 우리나라 외과 전문의 면허 1호인 차남수 박사(9회), 극작가 차범석(28회), 전 내무부 장관 김여택(28회), 전 국회의원 임종기(30회), 한국무용의 대가 이매방(31회), 전 국회의원 권노갑(33회), 전 헌법재판관 조승현(38

회), 문학평론가 김현(44회), 가수 남진(49회) 등이 북교 출신
이다. 이외 일제강점기 사회운동가 중에도 이 학교 출신들이
많고, 박상렬, 남궁혁, 오도근 등 북교를 졸업한 동창생들이
1919년 목포의 3·1운동인 4·8독립만세운동을 기획하는 데
주도적인 역할을 하기도 했다.

　학교 내에는 역사관이 마련되어 있다. 북교가 가진 근대
교육의 역사와 상징성을 살려서 지난 2015년에 조성한 것이
다. 졸업생들의 기증 자료와 학교 소장 자료를 중심으로 학
교의 역사와 옛 교육 물품, 졸업생 사진, 각종 기념품, 앨범
등이 다채롭게 전시되어 있다. 일제강점기 근대교육의 실상
이 어떠했는지를 살펴볼 수 있는 교육사 박물관 역할도 하고
있어서 근대문화 탐방에 관심이 있는 사람이라면 한번쯤 방
문해볼 만한 장소다.

···· 더 보기 : 불종대 주변 둘러보기 ····

• **광생의원** : 불종대에서 목포역 방향으로 가는 수문로 왼편에는 석조 2층 구조의 독특한 근대 건축물이 눈에 띈다. 일제강점기부터 병원으로 사용되던 곳이고, 해방 후에는 소아과와 내과 진료를 하였다. 지금은 가정집으로 사용되고 있는데, 병원 시절의 간판, 오래된 초인종, 노란 불빛의 조명등 정겨운 모습이 그대로 남아 있다. 건축의 형태가 매우 특이하다. 근대 건축물의 세련미가 있으면서도 구조 면에서 부조화를 이루는 부분도 많다. 뭔가 어색한 듯하면서도 근대의 느낌이 물씬 풍기는 불균형의 미가 오히려 이 건물의 매력이다.

• **중앙식료시장** : 불종대에서 역전 방향으로 가는 길에 자리하고 있다. 목포 원도심 상권의 핵심지역이었고, 시장 내에 가구거리, 순대골목, 신발 가게 등 특화 상가도 여러 개가 운영될 정도로 목포를 대표하는 시장이었다.

13 삼학도

세 섬의 전설과 김대중 노벨평화상 기념관

목포 앞바다에 있는 삼학도는 아름다운 전설과 함께 지역민들에게 오랫동안 사랑받아 온 섬이다. 목포사람이면 누구나 '유달산 장수와 세 처녀의 사랑'의 전설을 알고 있다.

일제강점기 목포항 주변을 찍은 풍경 사진에는 어김없이 아름다운 삼학도의 모습이 담겨 있다. 그런데 일제강점기와 해방 후 도시 확장 과정에서 삼학도는 섬이 아닌 육지로 변해버렸다.

그 삼학도가 목포시민들의 휴식과 문화 공간으로 조금씩 되살아나고 있다. 삼학도 내에 산책로와 숲길이 가꾸어졌고, 김대중 노벨평화상 기념관, 어린이바다과학관, 이난영 수목장공원 등이 조성되어 목포 방문객들의 필수 코스가 되었다.

삼학도의 전설

삼학도의 전설은 유달산과 관련 있다. 유달산과 삼학도는 산과 바다가 이루는 조화이기도 하며, 유달산은 남성으로 삼학도는 여성으로 상징화된다. 구전되어 오는 내용이 조금씩 다르지만 가장 기본적인 줄거리를 소개하면 다음과 같다.

유달산에 한 청년이 수련하고 있었는데, 유달산 아래에 사는 세 처녀가 유달산에 있는 샘으로 물을 길러오면서 이 청년을 보았다. 이후 세 처녀가 함께 이 청년을 사모하게 되었다. 세 처녀가 자신을 사모하고 있음을 알아버린 청년은 수도에 방해가 되므로 하루는 세 처녀를 불러 이르기를 "내 수련이 끝날 때까지 바다 건너 섬으로 건너가 살고 있으면 찾아가겠다"고 약속했다.

세 처녀는 이 약속을 믿고 배를 타고 바다 건너로 떠나는데, 뒤늦게 청년이 자신도 세 처녀를 매우 사랑하고 있음을 깨닫고 다시 돌아오라고 소리쳤다. 그러나 거리가 멀어 소리가 들리지 않자, 청년이 신호를 보내기 위해 활을 쏘았는데, 그만 이 활이 세 처녀가 탄 배에 명중했다. 배에 구멍이 뚫렸고, 배가 물속으로 가라앉자 세 처녀는 학으로 변하여 솟아오르다가 지금의 삼학도 자리에 내린 뒤 세 개의 섬으로 변했다.

삼학도 전설은 이야기를 전하는 사람의 성향에 따라 여러 가지 버전으로 각색되어왔다. 유달산의 청년이 때로는 장수, 무사, 선비 등으로 표현되기도 한다. 세 처녀가 배를 타고 떠났는데도 안심이 되지 않아 일부러 활을 쏘았다고 하는 경우도 있다. 청년이 세 처녀의 고백을 들어주지 않자 처녀들은 세 마리의 학이 되어 유달산 주변을 맴돌았는데, 청년이 연습 삼아 활로 학을 겨냥해서 쏴 학이 떨어져서 세 개의 섬이 되었다는 식의 설화도 전해온다.

내용은 제각각이지만, 삼학도 전설의 기본적인 구조는 세 처녀와 청년의 이루어질 수 없는 사랑을 바탕으로 하고 있다. 목포사람들은 이러한 삼학도의 슬픈 전설을 예술적 영감의 원천으로 활용해왔다. 삼학도를 모티브로 한 시와 노래를 부르고, 때로는 연극을 만들어 무대에 올렸다.

역사 속의 삼학도

아름다운 섬 삼학도가 그 원형을 잃어버리기까지는 많은 역사적 사건들이 있었다. 역사 속의 삼학도를 살펴보는 것도 흥미롭다. 삼학도에 대한 가장 오래된 기록은 1872년에 그려진 「무안현목포진지도」이다.

이 지도에는 현 목포 만호동에 있었던 수군 기지인 목포 진과 주변의 모습이 그려져 있는데, 삼학도의 모습과 지명이 포함되어 있다. 추상적인 그림 형태의 지도인데도 삼학도가 매우 크게 묘사되어 있다. 당시 삼학도가 목포진을 운영하는 데 필요한 나무를 제공하는 시지(柴地)였기 때문에 특별히 강조된 것 같다.

조선의 수군진 제도가 폐지될 무렵인 1895년 삼학도에 첫 번째 시련이 닥쳐왔다. 섬 전체가 일본인에게 불법적으로 팔리는 사건이 발생한 것이다. 당시 삼학도는 국유지였기 때문에 개인이 매매할 수 없는 토지였다. 더욱이 외국인에게 판매하는 것은 있을 수도 없는 일이었지만, 일본인 시부야 타츠로가 옛 목포진 관리였던 김득추를 이용해서 삼학도를 몰래 매입했다. 시부야 타츠로는 표면상은 일본 상인으로 활동했으나, 실질적으로는 한국 내 토지를 침탈하기 위한 일본의 공작원 같은 인물이었다. 때는 목포가 개항(1897년)되기 2년 전이었다.

개항 후 한국 정부에서 이 사실을 알게 되어 관련자를 처벌하고, 삼학도를 반드시 환수하라는 지침을 내렸다. 그러나 일본은 미온적인 태도로 삼학도 환수에 협조하지 않았고,

일제강점기 사진 속 삼학도 세 처녀가 학으로 변해 솟아오르다가 내려왔다는 세 개의 섬이 또렷이 보인다. 삼학도 역시 일제 수탈의 대상으로 시련을 겪었다.

시간을 끌다가 결국 1910년 경술국치가 되면서 삼학도는 일본의 땅이 되어버렸다. 이때부터 채석 등을 이유로 삼학도의 원형이 훼손되기 시작했다.

해방이 되고 나서 삼학도가 다시 우리나라의 소유가 되었지만 시련은 계속되었다. 도심의 팽창에 따라 삼학도 매립에 대한 논의가 이루어진 것이다. 1956년 삼학도 제방 축조에 대한 계획이 구체화되면서 '목포항을 부산 다음가는 대항구로 만들어야 한다'는 주장과 함께 삼학도 매립이 시작되었다. 삼학도 축항 공사의 전초 단계였다.

1961년 대삼학도와 용해동 갓바위를 연결하는 방조제가

쌓였고, 1965년에는 세 섬(대삼학·중삼학·소삼학) 사이의 매립공
사가 실시되어 삼학도는 섬으로서의 형태를 완전히 잃어버
렸다. 이후 삼학도에는 비료, 정유, 제분공장 등 여러 형태의
산업시설들이 들어섰다.

이뿐만 아니라, 삼학도 일대에 사창가가 조성되는 치욕도
겪어야 했다. 1970년대 초반 목포시는 부두 정비사업의 일
환으로 선창가 주변의 힛빠리 골목(목포에서 홍등가를 부르던 말.
여성들이 남성을 유혹하기 위해 팔을 당긴다는 뜻에서 유래) 등 윤락
관련 특정 시설을 철거하고 다른 장소로 이주시켰다. 이때
이주된 곳이 삼학도였다. 졸지에 삼학도는 목포의 '옐로우
하우스'로 전락해버렸다. 이러한 수난의 역사를 거쳐 아름다
운 풍경과 애틋한 사랑의 전설이 담긴 섬 삼학도는 말 그대
로 전설이 되어 사라져가고 있었다.

시민의 품으로 돌아온 삼학도

조선 시대에 삼학도는 목포진 관할지였기 때문에 민간인의
출입이 제한되어 있었을 것이다. 현재 목포사람들이 섬으로
서 삼학도에 대한 향수를 품은 시기는 해방 이후였다. 단오
때가 되면 삼학도에서 씨름대회를 비롯한 난장 축제가 벌어

졌고, 유원지로서도 인기가 높았다. 또한 목포사람들이 삼학도에 강한 애정을 지니게 된 것은 목포 출신 가수 이난영이 부르고, '사공의 뱃노래 가물거리며 삼학도 파도 깊이 스며드는데'로 시작하는 노래 「목포의 눈물」의 영향도 크다.

일제강점기인 1935년 목포가 최전성기를 구가하며 번성하고 있을 무렵 「목포의 눈물」이 탄생했다. 외형적으로 번성했지만, 식민지 설움이 어느 곳보다 강했던 목포의 정서를 이 노래는 잘 표현하고 있다. 노랫말에 삼학도가 등장하여, 목포의 상징처럼 가슴 깊은 곳에 자리 잡았다. 삼학도 복원화

복원된 삼학도의 모습 목포사람들에게 삼학도 복원은 역사 회복이라는 상징적인 의미를 담고 있다. 또한 새로운 시대에 대한 자신감의 표현이기도 하다.

에 막대한 예산이 소요되는데도 불구하고, 지역민의 염원이 강하게 나타났던 것은 바로 그러한 정서적인 측면 때문이다.

삼학도의 옛 모습을 찾기 위한 시민들의 희망은 '삼학도 공원화'라는 현실적인 목표로 방향이 수정되어 지난 2000년부터 시작되었다. 그동안 "복원화냐 공원화냐", "경제적으로 손실이 더 크다" 등 여러 가지 논쟁도 많았다. 우여곡절이 많았지만, 오랜 노력의 결과 삼학도 주변 수로 공사가 마무리되면서 섬이었던 옛 모습을 조금이나마 되찾은 느낌이다.

김대중 노벨평화상 기념관

시민의 품으로 다시 돌아온 삼학도의 최대 볼거리는 김대중 노벨평화상 기념관이다.

김대중 전 대통령의 생애는 민주주의, 인권, 평화를 위해 헌신하는 삶이었다. 수차례 죽을 고비를 넘기면서 불의에 항거하며 한국 현대사 격동기의 중심에서 '행동하는 양심'의 삶을 실천했다. 김대중의 2009년 1월 6일 일기에 다음과 같은 기록이 있다.

민주주의를 위해 목숨을 바치고 투쟁한 일생이었고,

노벨평화상 기념관(위)과 김대중 전 대통령(아래) 노벨평
화상 기념관은 대한민국 제15대 대통령인 김대중의 노벨평화
상 수상을 기념하여 2013년에 개관했다. 김대중 전 대통령은
세계 평화를 위해 헌신한 공로로 지난 2000년 한국인 최초로
노벨평화상을 수상했다.

경제를 살리고 남북화합의 길을 여는 혼신의 노력을 기울인 일생.
살아온 길에 미흡한 점은 있으나 후회는 없다.

김대중은 대한민국 민주주의와 한반도 평화의 상징과도
같은 존재다. 삼학도에 자리한 노벨평화상 기념관은 김대중
에 대한 목포시민들의 애정과 기억을 담은 공간이다. 2층 4
개의 전시실에는 노벨평화상 소개, 역대 수상자, 김대중과
노벨상, 민주화를 위한 길 등의 주제로 전시가 진행되고, 1
층에는 영상실, 기념품 코너 등으로 구성되어 있다.

삼학도 공원 내에 김대중 노벨평화상 기념관 외에도 어
린이바다과학관, 이난영 수목장 소공원, 경북의 숲 등이 있
어 삼학도를 찾는 관광객들의 발걸음이 이어지고 있다. 카
누체험장과 요트를 탈 수 있는 마리나 시설도 있어 레저 활
동을 즐기는 마니아들에게도 인기 있는 공간이다.

- **이난영 공원** : 삼학도의 입구에 이난영의 수목장이 있는 작은 공원이 있
  다. 원래 이난영의 묘는 경기도 파주의 공원묘지에 있었는데, 지난 2006
  년 목포시민들이 「목포의 눈물」 가사에 나오는 삼학도 양지바른 곳으로
  모셔와 백일홍 아래에 안장하였다.

- **목포 어린이바다과학관** : 어린이들이 바다를 상상하고 체험할 수 있는 교
  육과 체험의 공간으로 조성한 곳이다. 바다 상상홀, 깊은 바다와 중간 바
  다, 얕은 바다 전시관, 바다 아이돔, 4D 영상관 등으로 구성되어 있다.

- **경북도민의 숲** : 삼학도에는 영호남 화합과 상생의 상징으로 조성된 경북
  도민의 숲이 있다. 동서화합과 교류협력을 위해 경북 구미에는 전남 도민
  의 숲을, 이곳 삼학도에는 경북도민의 숲을 조성하였다. 숲의 조화로운
  공존을 통해 전남과 경북의 교류가 지속되기를 바라는 마음으로 2017년
  9월에 조성하여 함께 가꾸고 있다.

14 구 동양척식주식회사

시민운동으로 지킨 일제 수탈의 상징

목포 근대역사관 2관 건물은 일제강점기 동양척식주식회사 목포지점 건물을 활용하여 조성한 것이다. 동양척식주식회사는 일본이 한국 경제를 침탈하기 위해 1908년 12월에 설립한 특수 회사로 일제의 경제적 수탈의 상징적 장소다.

동양척식주식회사 목포지점 건물은 1921년에 신축된 후 일제에 의해 24년간 사용되었다. 흥미로운 점은 해방 후 이 건물이 약 43년간 대한민국 해군의 거점으로 활용된 것이다. 즉 동양척식주식회사 건물은 수탈의 상징이면서도 대한민국 해군 역사의 중요한 현장 유적으로서 가치를 갖는다. 그러나 그러한 부분에 대한 평가를 제대로 하지 못한 채 한때 이 건물은 일제의 잔재라는 이유로 철거의 위기를 맞기도 했다.

목포의 중앙에 자리 잡은 동척 지점

동양척식주식회사(이하 동척)는 일반회사법이 아닌 1908년 일본의회에서 통과시킨 '동양척식주식회사법'이라는 특수법에 의거해 설립되었다. 한국 식민지화를 목적으로 창립된 동척은 일본인의 한반도 이주를 지원하고, 일본의 식민지 경영과 대륙 침략의 발판을 마련하는 데 앞장섰다.

창립 당시에는 형식적으로는 한·일 양국의 이중국적을 가진 회사로 출발하였으나, 1910년 국권 상실과 동시에 일본 국적의 회사가 됨으로써 식민지의 수탈 창구 역할을 하면서 성장한 회사다. 초기에 토지경영에 주력하던 동척의 업무도 점차 다양해지는데, 식민지 지주 육성, 농장관리, 금융 등이 주요 업무였다.

동척은 일본 동경에 본부를 두고, 서울에 본점(조선지사)을 두었고, 우리나라에 9개의 지점(부산, 대구, 목포, 김제, 대전, 경성, 원산, 사리원, 평양)을 두었으며, 중국에도 8개의 지점을 설립했다.

목포지점의 경우 당초 1909년 나주 영산포에 동척출장소가 설치되었는데, 목포가 개항지로서 급속히 성장하자 1920년 6월에 이곳으로 이전하면서 지점으로 승격 개칭하였다.

현 목포지점 건물의 신축연도는 1921년이다.

동척 목포지점 건물이 자리한 위치는 일제강점기 가장 번화한 지역이었다. 일제강점기 행정 구역상 이곳은 본정(本町) 2정목에 해당한다. 본정은 가장 중심 지역을 의미하는데, 목포의 본정은 1정목에서 3정목까지 있었고, 그 중심 사거리에 목포 동척 지점이 세워진 것이다.

오늘날 구 개항장(일본인들 주로 살던 거류지) 지역에 주민들

1932년 「목포사진첩」에 실린 동양척식주식회사 목포지점 그동안 1920년에 지어진 것으로 알려져 혼란이 있었으나, 당시 〈매일신보〉(1921년 11월 5일 기사)에 '오는 7일에 낙성식 피로연을 개최한다'는 기사가 남아 있어 설립 시기는 1921년임이 명확하다.

은 자신들의 동네가 과거 '본정통'이었다는 말을 흔히 하는데, 실제 주소명은 다 달랐고, 본정에 해당하는 지역은 현 유달초등학교에서 영란횟집 앞까지만 해당했다.

본정에서도 가장 중앙에 동척이 있고, 그 옆으로 목포부에서 운영하는 부립 병원이 있었으니 그 위치적 중요성을 알 수 있다. 행정의 중심지인 목포부청(현 근대역사관 본관)과도 걸어서 1~2분 거리였다.

농업이 발달한 전남에 자리를 잡은 목포지점의 주 역할은 토지를 싼값에 매수하여 다시 한국의 농민들에게 소작을 주는 것이었다. 목포지점의 경우 전남 각지에 소재하고 있던 17곳의 농장을 관리하고 있었으며, 전국 동척 지점 가운데 가장 많은 소작료를 거둬들이던 곳으로 유명하다.

토지 경영뿐 아니라 부동산 담보 대부를 통해 조선 농민을 수탈하는 금융기관으로도 악명이 높았다. 일제강점기 목포 지역과 관련된 각종 출판물이나 홍보물에는 목포의 은행 부분에 동양척식회사 목포지점이 함께 수록되어 있다. 그래서인지 목포지점 건물 안에는 엄청난 두께의 철문이 설치된 대형 금고가 원형 그대로 남아 있다.

1935년 목포항이 외형상 전성기를 맞이했을 때, 대중가요 「목포의 눈물」이 발표되어 전 국민의 사랑을 받았고, 지금까지도 인기를 누리고 있다. 일제의 '수탈항'으로 발전한 목포의 이면에 우리 국민들이 흘렸을 눈물이 얼마나 많았을까? 그 서글프고 서러운 눈물의 현장이 바로 이곳 동척 목포지점 건물이다.

대한민국 해군과 해양경찰의 뿌리

동척 건물은 대한민국 해군의 역사와도 밀접한 관련이 있다. 원래 목포는 역사적으로 해군과 밀접한 지역이다. 조선 세종 때 목포진이 설치되었고, 정유재란 시기에는 고하도가 이순신의 조선 수군을 재건하는 거점으로 활용되기도 했다. 일제 강점기에 해양 수호의 역사가 끊겼다가 해방 이후에 대한민국 해양을 지키기 위한 노력이 다시 시작되었고, 그 중심에 동척 건물이 있었다.

해방 이후인 1945년 9월 해군 창설을 목표로 하여 해사협회(海事協會)를 조직한 후 최초의 군사 단체인 해방병단(海防兵團)을 결성했는데 이를 토대로 1946년 6월 조선해안경비대가 탄생하였다. 조선해안경비대는 조선 영해의 해상 및 도서 순찰과 치안 유지, 사고 조사를 담당하고, 선박 검사에 관한 일체의 임무와 선원의 면허·증명 등 선원 관리를 담당했다. 성격상 우리나라 해양 경찰의 시초에 해당하고, 이를 기반으로 대한민국 해군이 탄생하였다.

1946년 조선해안경비대 창설 당시 목포 동척지점 건물이 목포경비부 건물로 활용되었고, 이후 명칭이 해군 목포경비부로 변경되어 1974년까지 사용되었다. 1974년부터 1989년까지는 목포해역방어사령부(이하 해역사) 헌병대로 사용했다. 그래서 지금도 대부분 목포시민들은 이 건물을 해군 헌병대 건물로 기억하고 있다.

이외에도 동척 지점 건물은 1980년 5월 민주화운동 당시 목포시민들이 끌려가서 핍박을 받았던 장소였다는 점 등에서도 특별한 의미가 있다. 당시 동척은 헌병대 사무실로 사용되고 있었고, 건물 내부에 작은 감옥이 있었는데 이곳에 붙잡힌 시위대를 감금했다고 한다.

시민들의 힘으로 지킨 근대문화유산

해역사 헌병대가 영암에 있는 해군 제3함대사령부로 이전해 감에 따라 이곳은 1989년부터 1999년까지 약 10년간 폐허처럼 방치되었다. 오랫동안 방치되다 보니, 지역의 청소년들이 탈선 장소로 활용하는 등 문제가 발생했다. 이에 주민들은 건물을 철거하거나 재활용해주기를 바라는 민원을 제기했다. 해군에서 목포시에 매입 신청을 했으나, 당시만 하더라도 목포시가 이렇게 규모가 큰 건물을 사들일 여유도 없었고 특별히 활용방안을 고민하지도 않을 때였다.

결국 1999년 8월 7일 건물 철거 작업이 시작되었다. 그러나 일제 잔재도 근대문화유산으로 가치가 있으니 철거하는 것에 반대한다는 시민들의 여론이 높았다. 목포문화원과 시민단체연대, 목포대학교 사학과와 건축학과를 중심으로 동척 건물에 대한 보존운동이 일어났다. 학술행사를 개최하여 일제강점기 근대 건축물의 보존가치와 해외 사례에 대한 토론회도 열렸다. 전라남도 문화재 업무를 담당하던 김희태 전문위원이 적극적으로 중재에 나섰고, 1999년 11월 20일 자로 전라남도 기념물 174호로 지정되었다.

일제의 잔재라 불리던 건물을 시민들이 나서서 철거에 반대하고, 문화재 지정에 성공한 목포 동척의 사례는 전국적으로 큰 주목을 받았다. 부산이나 인천 등 목포와 유사한 근대문화유산이 많은 지역에서 목포의 사례를 참조하여 유사 건물의 문화재 등록을 추진하였다.

동척의 역사과 독립운동사로 구성된 전시관

동척 목포지점 건물은 2층 구조의 본 건물과 단층 구조의 부속 건물로 이루어져 있다. 일부 훼손되었던 후면 연결 부분은 2006년에 문화재 보수를 통해 복원이 이루어졌다.

건물의 외형은 건축 당시의 모습을 비교적 그대로 간직하고 있다. 직사각형 구조에 뒤쪽 단층 부분이 돌출된 모습이다. 1층과 2층 사이의 외벽에는 세로형 오르내림창이 있다. 1층과 2층의 사이, 그리고 2층 상부에는 건물의 4면에 모두 원형 조각이 띠둘림 형태로 있다. 이 원형 조각은 일본을 상징하는 태양 문양을 하고 있다. 건물의 정 중앙에는 석조 아치로 출입 현관을 꾸몄는데, 그 세부 조각이 매우 정교하다. 특히 상단부의 타원형 양각물 역시 태양을 형상화한 것으로 보인다. 유사한 문양들이 건물 내부 벽면에 장식되어 있다. 좌측 맨 상부에는 꽃 모양이 장식되어 있는데, 벚꽃을 새겨 넣은 것으로 보인다. 건물의 외형은 유럽 느낌이 나지만, 일본을 상징하는 문양들이 곳곳에 장식되어 있다는 것이 일제 강점기에 조성된 근대 건축물에 나타나는 특징 중 하나다.

동척 목포지점 건물은 문화재로 지정된 후 내부 보수와 리모델링을 거쳐 2006년 목포근대역사관으로 변모하여 현재 근대역사관 2관 건물로 활용되고 있다. 1층은 동양척식회사의 등장과 기능에 대한 특화 주제로 구성되어 있다. 국내 최초로 동척에 대한 내용으로 구성된 전시 공간이다. 동척이 왜 농민들 수탈 기관이었고 독립운동가들의 폭탄 투척 대상이 되었는지를 알 수 있다. 해방 이후 조선해안경비대에 대한 내용과 목포 시민들이 보존 운동을 통해 이 건물을 지킨 과정도 소개되어 있다.

이색 유물로는 1층 복도에 보관되어 있는 '팔굉일우(八紘

목포 근대역사관 2관 구 동양척식주식회사 목포지점은 현재 목포 근대역사관으로 사용되고 있다. 2014년 구 일본영사관에 본관이 새로 조성되면서 이곳은 현재 2관(별관)으로 사용되고 있다.

一宇)비'가 있다. 1940년 10월 27일에 목포여자중학교 국기 게양대 앞에 세웠다가 해방 후 땅에 묻힌 것이 학교 운동장 보수과정에서 발견되어 목포 근대역사관으로 이관된 것이다. 팔굉일우의 의미는 '전 세계가 하나의 집'이라는 의미로 일본 내각 총리였던 고노에 후미마로가 1940년 시정방침연설에 서 말한 것에서 유래하여, 일본의 제국주의 침략전쟁을 합리 화하기 위하여 내세운 구호였다. 일제말기 각 지역에 이러한 상징비들이 보급되었는데, 목포에서 발견된 이 비의 글씨는 조선 7대 총독 미나미 지로가 쓴 것이다. 식민지 황국신민화 정책의 실상을 증거하는 유물로서 가치가 있다.

2층은 목포 지역 독립운동사를 한눈에 살펴볼 수 있도록 꾸며졌다. 1919년 3.1운동에서부터 1987년 6월항쟁까지의 전반적인 내용을 다루고 있다. 목포의 독립운동가를 추모하 는 공간도 마련되어 있다.

건물의 주변에는 야외공원이 조성되어 있고 일제강점기 강제징용노동자상과 김우진 책방 등이 있다.

······ **더 보기 : 동척 건물 주변 둘러보기** ······

• **목포부립병원 관사(등록문화재 제718-5호)** : 구 동양척식주식회사 목포
  지점과 대각으로 마주 보는 위치에 조성된 일본식 고급 주택이다. 이 집
  의 최초 소유자는 일본상인 '모리타 센스케(守田千助)'였다. 해방 후 동양
  척식주식회사 건물이 해군기지가 되면서 이 주택은 해군 관사로 사용되
  었다. 현재 상가 건물로 재활용되고 있다. 일본기와로 된 복잡한 지붕구
  조가 특징이며, 내부 마당에 일본식 정원이 조성되어 있다. 과거 이 주택
  의 맞은편에 있었던 목포부립병원의 관사로 사용되었다는 설도 있어 등
  록문화재로 등록할 당시 명칭이 목포부립병원 관사로 되었는데, 그 증거
  가 명확하지 않아 모리타 가옥으로 부르는 것이 바람직할 것 같다.

• **구 목포 일본기독교회(등록문화재 제718-6호)** : 동척 목포지점 건물 왼
  편에서 큰 도로변으로 연결되는 길가의 끝 우측에 남아 있는 목포 일본
  기독교회의 건물이다. 한국인 윤치호와 결혼 후 평생을 목포 공생원에서
  고아들을 보살핀 일본인 윤학자(다우치 치즈코) 여사가 다닌 교회라는 점
  에서 더 특별한 의미가 있다.

• **구 목포공립심상소학교 강당(등록문화재 제30호)** : 동척 목포지점과 연결
  된 도로의 끝자락에 자리한 현 유달초등학교의 강당이다. 일본인들의 자
  녀 교육을 위해 세운 학교로 1929년에 지은 강당이 남아 있다. 본관 복도
  에 한국 토종 호랑이 박제가 전시되어 있다. 해방 후에는 이 강당에서 다
  양한 문화예술행사가 개최되었다.

15 목포의 눈물 노래비

유달산에 세운 국내 최초 대중가요 노래비

목포의 명산인 유달산 중턱에는 우리나라 대중가요 중 최
초로 건립된「목포의 눈물」노래비가 있다. 「목포의 눈물」은
1935년 목포 출신 가수 이난영이 불러서 전 국민들의 사랑을
받았고, '호남인의 애국가'로 불렸던 불후의 명곡이다.

유달산에 있는 '목포의 눈물 노래비'에서는 지금도 어김없
이 이난영의 구슬픈 목소리가 울려 퍼지고 있다. 「목포의 눈
물」이라는 하나의 대중가요가 남긴 의미와 이 노래에 대한
목포사람들의 애정을 살필 수 있다. 유달산을 찾는 사람들이
기념사진을 찍는 필수 코스이기도 하다.

근대항구도시가 배출한 신여성, 이난영

목포는 예향이라 불릴 만큼 많은 예술인들을 배출한 도시다. 그 가운데 목포라는 항구도시를 널리 알리는 데 공을 세운 인물을 뽑으라면, 단연코 대중가수 이난영(李蘭影)이다. 그는 1916년 목포 양동에서 태어났고, 목포와 관련된 노래를 불러서 유명해졌다. 아버지는 이남순, 어머니는 박소아고, 2살 연상으로 오빠 이봉룡이 있었다. 이난영의 '난영(蘭影)'이라는 이름은 가수로 활동하기 시작하면서 지은 예명이다. 본명은 옥례(玉禮)인데, 호적과 학적부에는 옥순(玉順)으로 기록되어 있다.

이난영이 태어나고 자란 곳은 목포의 양동이었다. 양동은 1897년 목포 개항 이후 전라도 선교를 위해 들어온 개신교 선교사들이 터를 잡고 활동하였던 곳이다. 이 일대에 전남 최초의 교회인 양동교회, 최초의 여학교 정명여학교, 최초의 의료시설인 목포의료원 등이 설립되었다. 양동이라는 지명 자체가 서양인들이 거주하는 곳이라는 의미의 '양인골'에서 유래했다는 설도 있다. 그만큼 이난영이 살았던 양동은 외국인을 자주 접할 수 있고, 근대문화를 먼저 접할 수 있는 특수한 공간이었다.

이난영은 어린 시절 동네에서 흘러나오는 축음기 음악을 들으면서 음악적 감수성을 키워나갔다. 당시 목포의 한국인 마을 가운데 축음기에서 흘러나오는 신식 음악을 접할 수 있었던 장소는 양동이 유일했을 것이다. 목포에서의 어린 시절은 이난

이난영 「목포의 눈물」이라는 노래로 전 국민에게 목포를 알린 목포의 예술인이다.

영이 대중가수라는 신여성의 길을 걷게 되는 자양분이 되었다. 1939년 한 잡지사와의 인터뷰에서 자신의 고향에 대한 추억을 다음과 같이 회상하였다.

"나의 고향은 남쪽 목포항입니다. 어디든지 그렇지만 항구에서 자라난 처녀들은 노래를 무척 즐겨하지요. 나도 그랬습니다. 망망한 대양을 하염없이 바라보며 외로운 바위 위에 홀로 앉아서 석양이 어물어물 떨어지는 서쪽 하늘을 우러러 희망의 노래를 부른답니다. 그러면 비단결 같은 푸른 물결은 나의 노래를 싣고 하느적 하느적 이 항구에서 저 항구, 저 항구에서 또 다른 항구,

이렇게 전 세계의 항구란 항구에는 모조리 들려서 나의 노래를 전해 준답니다. 아니 전해 주는 것 같이만 생각되지요."

한동안 이난영이 가수가 된 계기는 '집안 형편이 어려워 어머니가 제주도에서 식모살이를 하고 있었고, 이난영은 어머니를 찾아 제주도로 갔는데, 마침 제주도에 온 극단을 만난 것'으로 알려져왔다. 이것은 후대에 와전된 것이다. 1935년 〈삼천리〉 잡지에 수록된 본인의 인터뷰에는 '목포에 공연 온 태양극단을 만나서 합류'하게 된 것으로 가수가 된 계기가 분명하게 밝혀져 있다. 당시 가족들과 의논하여 다니던 목포 공립여자보통학교를 중퇴하고 배우가 되겠다는 꿈을 품고 극단을 따라나섰다.

목포는 전남을 대표하는 상업도시이자, 목포극장, 평화관 등 당시로써는 꽤 규모가 큰 대형극장이 있어 공연문화가 먼저 발달한 곳이었다. 그런 면에서 대중가수라는 신여성의 삶과 목포라는 도시의 근대성은 밀접한 연관이 있다. 이후 이난영은 이철이 이끄는 오케레코드사에 등용되어 본격적인 가수의 길을 걷게 되고, 1935년 「목포의 눈물」을 불러 큰 인기를 모았다.

「목포의 눈물」 탄생 배경

대중가요 「목포의 눈물」은 1935년 오케레코드에서 전국 10대 도시를 대상으로 개최한 '제1회 향토찬가' 공모전에 당선된 가사로 만든 노래다. 기존에는 〈조선일보〉에서 개최한 것으로 알려져 있으나, 〈조선일보〉에 관련 광고가 실렸고 공모를 진행한 곳은 음반사인 오케레코드였다. 이 공모전에 목포 출신 문일석이 만든 노랫말이 당선작으로 선정되었고, 이 가사에 손목인의 작곡이 더해져서 「목포의 눈물」이 탄생하였다. 목포와 관련된 노래를 목포의 문인이 노랫말을 짓고, 목포 출신 가수가 불러서 더 큰 인기를 얻은 것이다.

상업용 음반을 팔아야 하는 기획자 입장에서 목포라는 도시가 전 국민을 대상으로 공감대를 끌어낼 수 없었다면, 「목포의 눈물」이라는 노래는 발표되지 못했을 것이다. 당시 목포는 1897년 개항 이후 전남을 대표하는 상업 항으로 발전해 있었고, 발전의 이면에는 식민지 수탈항이라는 아픔도 지니고 있었다. 도시화의 정도로 볼 때 전국 6대 도시로 손꼽힐 정도로 인지도가 매우 높았다. 이러한 당대 사회에서 갖는 목포의 위상이 상업가요로 성공하게 된 하나의 배경이었다.

노랫말에 담긴 항구의 정서

일제강점기 항구의 정서적인 이미지도 「목포의 눈물」이 성공한 원인 중 하나로 볼 수 있다. 당대 항구도시의 이미지에는 '눈물과 애수', '사랑과 이별', '현실 도피' 등에 대한 정서가 강했다. 「목포의 눈물」 노래 가사는 다음과 같다.

사공의 뱃노래 가물거리며
삼학도 파도 깊이 숨어드는데
부두의 새악씨 아롱젖은 옷자락
이별의 눈물이냐 목포의 설움

삼백 년 원한 품은 노적봉 밑에
님 자취 완연하다 애달픈 정조
유달산 바람도 영산강을 안으니
님 그려 우는 마음 목포의 눈물

깊은 밤 조각달은 흘러가는데
어찌타 옛 상처가 새로워진다
못 오는 님이면 이 마음도 보낼 것을

「목포의 눈물」에 등장하는 항구의 정서는 삼학도, 노적봉 등 목포항의 아름다움을 상징하는 고유 지명 속에 자연스럽게 스며들어 있다. 여기에 항구도시의 신파성과 전국적인 지명도가 뒷받침되어, 「목포의 눈물」이라는 노래가 크게 성공할 수 있었다. 「목포의 눈물」은 일제강점기 나라 잃은 설움과 이별의 아픔을 느끼던 전 국민의 심금을 울렸고 지금까지도 애창되고 있다.

목포시민의 기금으로 세운 노래비

이난영의 인생은 목포와 많이 닮았다. 가수로서는 성공했지만, 한 인간으로서의 삶은 「목포의 눈물」처럼 한과 설움의 연속이었다. 굴곡의 삶을 살았던 이난영은 1965년 서울의 자택에서 외롭게 마지막 삶을 마감했다.

그가 세상을 떠난 지 4년 후인 1969년에는 목포 유달산에 「목포의 눈물」 노래비가 세워졌다. 이 비는 한국 최초의 대중가요 기념비로 알려졌다. 기금을 제공한 사람은 목포에서 음반을 판매하는 일을 하던 박오주 씨였다. 그는 목포에서 평

유달산 중턱에 있는 「목포의 눈물」 노래비 노래비 상단에 「목포의 눈물」 가사가 새겨져 있고, 하단에는 '살아있는 보석은 눈물입니다. 남쪽 하늘 아래 꿈과 사랑의 열매를 여기 심습니다. 이난영의 노래가 문일석 가사 손목인 작곡으로 여기 청호의 넋처럼 빛나고 있습니다'라는 추모의 글귀가 있다.

생 음반을 팔면서 살았는데, 이난영에게 보답하는 마음으로 노래비를 건립했다고 한다. 개인의 기금조성을 계기로 목포 예총이 후원하여 사람들이 많이 찾는 유달산 중턱에 노래비가 세워졌다.

노래가 최초로 발표될 당시 레코드판 안에 삽입된 가사지에는 일부 단어가 지금과는 조금 다르게 인쇄되어 있었다. 2절 가사인 '삼백 년 원한 품은 노적봉 밑에'라는 부분은 1597

년 일어난 정유재란을 상징한다. 노적봉은 이순신의 호국 전설이 담긴 유달산 끝자락의 작은 봉우리다. 이 부분의 가사가 검열을 통과하기 어렵다고 판단한 음반 회사는 가사를 '삼백연 원앙풍'이라는 아무 의미 없는 가사로 바꿔서 인쇄했다. 그러나 당시 이난영과 당시 사람들은 '삼백 년 원한 품은'이라는 원래의 가사로 노래를 불렀다.

이난영의 음악 가족과 김시스터즈

목포와 관련된 또 다른 히트곡 중 1942년 발표된「목포는 항구다」는 친오빠인 이봉룡이 곡을 만들었다. 목포 출신의 오누이가 목포 노래를 만들고 불러서 목포를 널리 알린 것이다. 크게 알려지지는 않았지만「목포의 추억」이라는 노래도 발표했다. 이 노래는「목포의 눈물」을 작사한 문일석이 가사를 지었다. 가사에 담겨 있는 '고하도', '갓바위', '뒷개' 등 토속적인 지명들이 정겹게 들리는 노래다.

이난영은 1937년 김해송과 결혼하여 가정을 꾸렸다. 김해송의 본명은 김송규(金松奎)로 평안남도 개천 출신으로, 동경상지대학을 졸업한 엘리트였다. 김해송은 기타연주자 겸 작곡자였고 가수로도 활동했다. 오빠인 이봉룡도 김해송에게 악기 연주와 화성법을 배워서 작곡자로 성공할 수 있었다고 알려졌다. 김해송은 오케레코드 이철 사장과의 친분으로 이난영을 알게 되었다. 1939년에는 남편 김해송이 작곡한 「다방의 푸른 꿈」이라는 곡을 이난영이 불러서 큰 인기를 얻었는데, 이 곡은 국내 최초의 블루스 곡이라는 평가를 받고 있다.

남편 김해송은 6·25전쟁의 혼란 속에 북한군에 납치되어 행방불명되었다. 자진 월북이 아닌 납북으로 알려졌지만, 분단 후 남한에서 그 이름이 거론되는 것이 어려워졌다. 이후 국내에서 타 작곡자의 이름으로 발표된 곡들 가운데는 실제 작곡자가 김해송인 경우가 많다는 것이 가요계에 내려오는 이야기다.

남편을 잃은 힘든 상황 속에서도 이난영은 자녀들을 세계 시장에 내놓아도 손색이 없는 뮤지션으로 키웠다. 어릴 적부터 다양한 악기를 익히게 하고, 혹독한 훈련을 시켰다.

자신의 딸과 오빠 이봉룡의 딸로 구성된 '김시스터즈'는 1959년 아시아 걸그룹으로는 최초로 미국으로 건너가 대한민국 한류스타의 원조가 되었다. 1962년 이난영은 자식들의 부름으로 미국에 가서 1년 정도 생활을 하지만 적응을 하지 못하고 다시 고국을 돌아왔다. 이후 아들들로 구성된 '김브

라더스'도 미국에 진출시켰다.

음악 인생의 옥에 티

이난영은 뛰어난 음악 가족 일가를 이뤘지만, 지을 수 없는 옥에 티도 남아 있다. 남편 김해송과 오빠 이봉룡이 일제 말기 전쟁 참여를 독려하는 군국가요를 작곡하는 등 일제에 협력한 행적들이 남아 있는 것이다. 둘은 현재 민족문제연구소에서 발간한 『친일인명사전』에 등재되어 있다. 심지어 「목포의 눈물」을 작곡한 손목인도 이름이 올라 있다. 물론 당시 유명인이었기 때문에 태평양전쟁이 발생한 후 국가 총동원령이 내려진 상태에서 총독부의 지시에 어쩔 수 없이 협력한 상황이었을 수도 있지만, 반민족행위를 한 것은 엄연한 사실이다.

비록 이난영은 등재되어 있지는 않지만, 그녀도 이러한 부분에서 자유로울 수는 없다. 1943년 남인수와 함께 「이천 오백만의 감격」이라는 군국가요를 불렀다는 점이 큰 오점으로 남은 것이다. 이 노래는 제목이나 곡의 전체적인 분위기가 매우 선동적인 전형적인 군국가요다. 남인수가 주로 노래를 부르고, 이난영은 후렴구에서 합창하였다.

이난영은 나라 잃은 설움을 달래준 「목포의 눈물」로 온 국민의 사랑을 받았던 가수이기 때문에 이러한 행적은 더욱 아쉬운 대목이다. 최근에는 「목포의 눈물」의 가치는 인정하되, 가수 이난영을 추모하는 것은 잘못된 것이라는 분위기도 형성되고 있다. 그러나 대중가요와 그 노래를 부른 가수를 따로 구분하는 것은 쉽지 않은 일이다.

여전히 가수 이난영에 대한 역사적 평가는 진행형이다. 어떤 방식으로 과거를 청산하고, 「목포의 눈물」의 문화콘텐츠적 가치를 살릴 것인가 하는 과제가 남아 있다. 이는 단순히 이난영의 경우에만 해당 되는 것이 아니다. 목포는 식민지 항구도시라는 특성상 역사적으로 '식민성과 근대성', '친일성과 민족성'이 동전의 양면처럼 공존한다. 따라서 일제강점기 활동 인물이나 문화유산에 대해 먼저 객관적인 평가를 거치고, 그다음에 자원화하는 과정이 필요하다. 앞으로 이러한 부분에 대한 공개 논의들이 있어야 한다.

고향의 품으로 돌아온 이난영

한국에 홀로 남겨진 이난영은 1965년 4월 11일 세상을 떠났다. 그의 사망 소식이 알려지자, 자살했다는 소문이 돌 정도로 이난영의 말년은 매우 불행했다. 당시 신문은 '이별을 서러워하는 눈물도 없이 홀로 누운 침실에서 조용히 숨을 거두었다'고 보도하였다. 장례식이 치러지고 묘가 경기도 파주의 한 공원묘지에 조성되었다. 미국에서 활동하고 있던 자녀들이 귀국하지 못한 채 장례가 진행되었다.

시간이 흐르면서 파주에 있는 이난영의 묘가 제대로 관리되지 못하는 상황이 발생했다. 이 소식이 알려지자 목포에서는 이난영의 묘를 고향으로 옮겨오자는 시민운동이 일어났다. 유가족들과의 합의를 거쳐 지난 2006년 삼학도의 양지바른 곳에 이난영의 유해가 모셔졌고, 이난영 나무를 세우는 수목장 형태로 이장식이 진행되었다. 41년 만에 고향의 품으로 돌아온 이난영은 「목포의 눈물」 가사에 나오는 삼학도 언덕에 잠들어 있다. 이난영이 태어난 양동 생가 터에는 이난영 흉상이 세워졌다.

16 고하도 이충무공기념비

이순신의 제사를 지낸 고하도 사람들

고하도는 목포항의 관문이자 자연 방파제 역할을 하는 섬이다. 역사적으로는 1597년 정유재란 때 이순신이 머물며 조선 수군을 재건했던 호국 사적지이기도 하다. '높은 산(유달산) 밑에 있는 섬'이라 하여 고하도(高下島)라 불렸다고 전한다. 각종 역사 기록에는 보화도(寶和島), 고하도(孤下島) 등 다양한 이름이 남아 있는데, 이순신의 『난중일기』에는 보화도로 기록되어 있다.

2012년 6월 목포 북항과 고하도를 연결하는 목포대교가 개통되어 접근이 편리해졌다. 또한 지난 2019년 9월 유달산과 고하도를 연결하는 해상케이블카가 개통하여 케이블카를 통해서도 고하도를 방문할 수 있다.

이순신이 선택한 요충지 고하도

고하도는 이순신이 울돌목(명량)에서 승리를 거둔 후 그해 10월 29일 고하도에 진을 설치하고 이듬해 2월 17일 진을 옮길 때까지 106일 동안 머물렀던 곳이다. 당시 이순신이 이끈 조선 수군은 진도 앞바다 명량대첩에 승리를 거두기는 했지만, 전력상 매우 열세인 상황이었다. 따라서 이순신은 좀 더 안전하고 후일을 기약할 수 있는 수군 진영의 마련을 위해 여러 곳을 물색하였다.

그중 지리적 위치가 가장 좋은 고하도에 진을 쳤는데, 이순신은 『난중일기』에 고하도에 대해서 "서북풍을 막아주고, 전선을 감추기에 아주 적합하고, 섬 안을 둘러보니 지형이 대단히 좋으므로 머물 것을 작정했다"는 기록을 남겨 당시의 정황을 살펴볼 수 있다.

고하도에서의 조선 수군 재건 활동과 가장 직접적인 관련이 있는 문화유산은 고하도진성의 흔적이다. 지금도 고하도 곳곳에 성벽의 흔적이 남아 있다. 당시 이 고하도진이 조선 수군병력과 삼도수군통제사가 주둔하는 조선 수군 최고 사령부의 역할을 했다.

고하도진에서 이순신은 손실된 조선 수군의 전력을 보강

하여 재건하는 데 노력했다. 부족한 병력을 보충하고, 병선을 건조하며, 군량을 조달하여 무기를 제조했다. 특히 고하도에 머무는 동안 40여 척의 판옥선을 추가 건조한 것으로 추정된다.

이순신 장군은 해로통행첩 제도를 실시하기도 했다. 이는 주변 연안을 항해하는 선박들에 일종의 운행확인증을 발급하고 그 대가로 식량을 거두어들여 전시에 대비하는 군량미를 확보하는 것이었다. 이 해로통행첩은 간첩선을 색출하는 효과도 있었다. 이순신 장군은 또한 인근 다도해 도서지방의 소금 생산을 장려하고, 그 소금을 팔아서 무기를 만드는 자금을 확보하기도 하였다.

고하도진으로 활용된 성곽 유적은 고하도 중앙부에 위치하는 큰덕골 골짜기를 둘러싸고 있는 산 능선에 있다. 현재 이충무공 모충각이 있는 당산 뒤편의 뫼봉산−큰산−말바위−칼바위−성안골로 이어지는 능선으로 생각하면 된다.

고하도 산책로를 탐방하다 보면 곳곳에서 성벽의 흔적을 발견할 수 있다. 전체 길이 약 1,225m 가운데 1,105m가량만 성벽을 쌓았고, 나머지는 바위 등을 성벽으로 이용하는 방식이었다. 이 흔적들은 '고하도진성'이라는 이름으로 현재 전라남도 기념물 제10호(1974.9.24.)로 지정되어 있다.

1722년 건립된 고하도 이충무공기념비

고하도가 전국적으로 유명해진 배경은 뭐니 뭐니 해도 이곳에 남아 있는 이충무공기념비 때문이다. 이충무공기념비는 고하도에서의 조선 수군 재건의 역사를 기념하고 후세에 전하기 위해 1722년에 이순신의 5세손이자 삼도수군통제사를 지낸 이봉상(李鳳祥)이 건립한 것이다.

비는 고하도 선착장에서 300m 정도 떨어진 당산 위에 자리하고 있다. 초입에 홍살문이 서 있고, 삼문을 들어서면 그 안에 모충각(慕忠閣)이 있다. 모충각 내부에 이충무공기념비가 있다. 비가 세워질 당시 풍수적으로 가장 이상적인 장소로 여겨져 이곳에 세워졌다고 전해온다.

비문에는 이순신이 전진기지로 고하도를 선정하게 된 과정, 고하도진이 1647년에 당곶진으로 이동한 상황, 고하도진이 폐진되자 이를 안타깝게 여긴 통제사 오중주(吳重周)가 유허비 건립을 주도한 사실, 전쟁 때 군량미 비축의 중요성 등이 기록되어있다.

일본인이 쏜 총에 맞은 이충무공기념비

고하도 이충무공기념비의 비문을 자세히 보면, 비의 전면 하단 좌측이 크게 손상되어 있다. 이는 자연적인 세월의 마모가 아닌 누군가의 의도적 훼손이다. 비문의 훼손과 관련하여 고하도 주민들 사이에는 "일본인들이 이 비가 이충무공과 관련된 것을 알고 의도적으로 훼손했다"는 구전이 전해온다.

오랜 세월이 흘렀고, 구전 내용에는 일제강점기에 대한 피해의식이 담겨 있을 가능성도 있어서 사실관계를 입증하기 어렵다. 그런데 일본인이 고하도 이충무공기념비를 일부러 훼손했다는 내용이 담긴 근대 신문 기사가 남아 있어 주목된다. 1928년 8월 14일 자 〈동아일보〉에 실린 '도서순례' 고하도 편 기사에 "심사가 괴악한 어떤 일본 사람이 수년 전에 총을 메고 비석 앞에 엎드려 글자를 견양하고 총을 노하 오륙 자의 자획을 없애었다고 한다. 과연 오륙 글자에는 완연히 총마진 자리가 보인다"고 되어 있다. 1928년 당시 주민의 증언을 기록한 것이니 신뢰할 만한 내용이라고 여겨진다. 우리 민족의 소중한 문화유산을 일본인이 의도적으로 총을 쏘아 훼손하는 만행을 저지른 것이다.

일본인이 고하도를 처음 점유하려 했을 때 우리 정부는

옛 이충무공기념비(왼쪽)와 현재의 이충무공기념비(오른쪽) 사진 일본인이 총을 쏴 훼손한 흔적이 역력하다.

이곳이 개항장 목포와 가깝기는 하나 섬이고, 무엇보다 이충무공의 기념비가 있는 사적지라 일본의 사용을 허가하지 않았다. 그러자 일본은 고하도 차용조약서 제6조에 스스로 명시한 '해당 섬에 있는 이순신석비 및 그 산자락을 영구보존함을 약속함'이라는 내용을 자신들의 의무 조항으로 내세워 허가를 받아냈는데, 실제로는 그 약속을 지키지 않은 것이다.

이충무공을 모셔온 고하도 주민들

일제강점기에 이러한 수난을 겪은 고하도 이충무공기념비를 보호하기 위해 지역민들은 뜻을 모아 비각을 건립하고 그 안에 이충무공기념비를 모셨다. 이충무공유적복구위원회의 노력으로 1947년 비각 공사가 시작되었고, 1948년 2월 27일 낙성식이 열렸다. 비각은 '모충각(慕忠閣)'이라는 이름으로 오늘에 이르고 있다.

이충무공기념비는 고하도 주민들에게 남다른 의미가 있다. 주민들은 비가 있는 산을 '당산'이라고 부른다. 이곳이 민속신앙인 마을 당제가 열리는 성지이기 때문이다. 그 당산의 중앙에 이충무공비가 세워져 있는 것은 특이한 일이다. 주민들은 당산 위의 소나무를 신체(神體)로 여겨 제사를 지냈는데, 이충무공 기념비에도 상을 차리고 치성을 올렸다고 전한다. 1929년 일본인들이 발간한 『사적 목포(史蹟 木浦)』에는 고하도 주민들이 '명장의 유덕을 기려 지금도 매년 정월에 이순신의 제사를 올린다'고 기록되어 있다.

고하도 사람들이 지내온 이충무공 제사에 대한 기록은 신문 기사에도 남아 있다. 앞에서 언급한 1928년 8월 14일 자 〈동아일보〉의 기사 중에는 '도민들이 가가호호 추렴을 하여

1년에 한 번 제사를 지낸다는데 2월 중 어느 날을 택하여 남녀노소 할 것 없이 전 도민이 총동원한다고 한다. 만약 제사를 불충실하게 지내면 그해에는 되는 일이 없다 하여 제수도 융숭하고 그 섬사람으로 외지에 갔다가도 대개는 돌아온다고 한다'는 내용이 실려 있어 고하도 주민들이 이충무공 기념비를 얼마나 소중하게 여겼는지를 알 수 있다. 고하도 주민들이 강강술래 대회에 출전할 때에도 이 기념비 앞에서 출전 기념식을 하고 떠났을 정도로 주민들에게는 각별한 의미가 있는 비다.

이충무공비를 모신 모충각 모충각은 이충무공을 기린다는 의미로, 서예가 김정재의 글씨로 된 편액이 걸려 있다. 현재 모충각 내부에는 후세 사람들에 의해 제작된 42개의 현판이 걸려 있다. 이 현판은 대부분 1960년대에 조성된 것으로 기념비와 비각의 건립 연혁에 대한 내용이 적혀 있다.

약무고하 시무국가

사실 그동안 고하도에서의 이순신의 조선 수군 재건 활동은 대중들에게 그리 잘 알려지지 않았다. 일반적으로 명량해전, 노량해전 같은 큰 전투만을 기억하고 중요하게 생각하는데, 고하도에서 머무는 동안의 전력 확충이 밑바탕이 되어 각종 해전을 승리로 이끌고 나라를 지킬 수 있었다고 해도 과언이 아니다.

흔히 '약무호남(若無湖南)'이면 '시무국가(是無國家)'라 하여 당시 호남이 없었다면 나라를 구하지 못했을 것이라는 말도 있다. 그중에서도 만약 고하도진이 없었다면 정유재란을 승리로 이끌 수 없었을지 모른다. 이처럼 우리 역사의 중요한 한 페이지를 목포 고하도가 장식했다.

- **조선육지면발상지비** : 고하도는 1904년 국내에서 최초로 미국산 육지면 (陸地綿)이 시험 재배된 곳이다. 고하도에는 조선 육지면의 발상지임을 기념하기 위해 면화장려30년기념회에서 1936년에 세운 기념비가 있다. 이 비는 고하도 이충무공기념비가 있는 모충각 방향으로 가는 도로의 왼편 언덕에 세워져 있다.

- **고하도 대형방공호** : 고하도 모충각 뒤편에는 태평양 전쟁 때 일본이 한국인을 강제 동원하여 조성한 대형방공호 2개가 남아 있다. 전체 길이 51m에 달하는 '방공호 1'은 그리스도교회 건물 뒤편에 있다. '방공호 2'는 기도원 건물의 앞부분 옆에 남아 있다. 약 17m 정도의 길이다.

- **고하도 탕건바위** : 탕건바위는 고하도 사람들이 가뭄에 기우제를 지내던 곳이다. 그 생김새가 사람 머리 위에 쓰는 탕건을 닮았다고 해서 '탕건바위'라고 불렸다. 모충각 뒤편에 있는 옛 고하도 기도원 건물 우측으로 나 있는 작은 오솔길을 따라 산 중턱으로 5분~10분 정도 올라가면 이 바위를 발견할 수 있다.

17 달성사

목포8경에 속하는 유달산의 전통 사찰

달성사는 목포 시내가 한눈에 내려다보이는 유달산의 동남쪽 중턱(죽교동 317번지)에 자리하고 있는 사찰이다. 양산 통도사 출신으로 알려진 노대련(盧大蓮)에 의해 1915년 4월 8일 세워졌다. 본래 해남 대흥사의 포교당으로 창건된 것이었다. 건립 연대가 그리 길지 않은 근대기 사찰이지만, 보물 제2011호로 지정된 목조 지장보살상과 전라남도 유형문화재인 목조 아미타삼존불이 모셔져 있고, 신비의 샘 옥정, 유달산 바위에 새긴 미륵불 등 다양한 볼거리가 있는 전통 사찰이다.

목포8경의 하나인 달성사

목포의 명산인 유달산에는 근대기에 형성된 불교 관련 유적들이 많이 남아 있다. 근대 일본 사찰들은 도심에 위치를 잡았던 반면 한국의 사찰들은 유달산 자락에 세워졌다. 영명사, 달성사, 수도사, 해봉사, 학암사, 관음사, 청명사 등이 생겼고, 지금도 다섯 개의 사찰이 유달산에 자리하고 있다. 그중 가장 대표적인 곳이 '달성사'다.

달성사는 목포8경 중 하나에 속할 정도로 오랫동안 목포 사람들에게 사랑받아 온 곳이다. 목포8경은 유산기암(儒山奇巖), 용당귀범(龍塘歸帆), 아산춘우(牙山春雨), 학도청람(鶴島晴嵐), 금강추월(錦江秋月), 입암반조(笠岩返照), 고도설송(高島雪松), 달사모종(達寺暮鍾)으로 구성되어 있다.

그중 '달사모종(達寺暮鍾)'은 저녁 종소리가 울려 퍼지는 유달산 달성사의 고즈넉한 풍경을 이르는 말이다. 달성사는 개항 후 1915년에 건립되었는데, 당시 한국인들이 주로 모여 살던 죽동이나 남교동 마을 쪽에서 유달산 쪽을 바라보면, 산과 사찰이 잘 어우러진 달성사 풍경이 병풍처럼 펼쳐진다. 저녁 무렵 달성사 범종에서 울려 퍼지는 은은한 종소리는 신비로운 기운으로 사람들의 마음을 감싸 안았을 것이다. 달성사의 종소리는 시간을 알려주기도 하고, 편안함과 아득함을 느끼게 하는 역할을 했다. 오랫동안 목포 사람들에게 은은한 종소리를 들려주었던 달성사의 작은 범종이 지금도 극락보전 안에 보존되어 있다.

정조 임금의 건강을 기원하기 위해 만든 범종

목포8경에 나오는 종소리의 주인공인 달성사 범종은 1788년 (정조 12)에 정조의 만수무강을 기원하는 뜻으로 대흥사 만일 암에 시주된 것이다. 높이 74cm 정도의 작은 종이지만 용모 양과 음통(音筒)이 정교하게 조각되어 있고, 전통적인 범종의 문양이 잘 표현되어 있다. 이 범종은 달성사의 창건주였던

달성사 극락보전에 모셔진 범종 현재 달성사 경내에 별도의 종각이 조성되어 있어, 그것을 목포8경에 나오는 종으로 생각하기 쉬운데, 실제 주인공은 극락보전 내에 보관된 작은 범종이다.

노대련 선사가 해남 대흥사의 만일암에서 가져온 것으로 전해온다.

목포 유일의 보물 문화재

달성사는 건립연대가 짧지만, 문화재적 가치가 있는 오래된 유적들을 품고 있다. 대표적인 유적은 '달성사 목조 지장보살상(地藏菩薩象) 및 시왕상(十王象) 일괄'이다. 달성사 명부전 안에 모셔져 있는 이 유적은 임진왜란 이전인 1565년에 조성된 목조 불상이며, 지장보살 삼존상 3구, 시왕 10구, 판관 5구 및 사자 1구, 조성발원문, 중수발원문이 완벽하게 남아 있어 그 가치를 인정받아 2019년 1월 3일 보물 제2011호로 지정됐다. 2000년에 전라남도 시도유형문화재 229호로 지정되었다가 2019년에 보물로 승격한 사례다. 현재 목포 문화재 중 국가 보물은 이것이 유일하다.

반가의 좌형을 취한 목조 지장보살상 좌우에 시왕과 권속들이 배치되어 있다. 시왕상의 복장에서 조성발원문 및 중수발원문이 발견되었는데, 이 기록에 의해 이 불상들이 1565년(조선 제13대 명종 20년)에 전라남도 나주 남평 운흥사에서 조성된 것임이 알려졌다. 1950년대 6·25의 혼란기에 운흥사

달성사 목조 지장보살상 달성사의 지장보살상은 우측 다리를 밑으로 내리고 좌측 다리만 가부좌한 반가 상태를 하고 있다. 이러한 양식은 고려 말로 추정되는 광양 중흥사 석조 지장보살상 등의 몇몇 예에서만 볼 수 있는 드문 경우다.

에서 현 위치로 옮겨왔다고 전해진다.

　달성사의 목조 지장보살상과 시왕상 등은 각부의 조각이 세련되고 단아한 형태를 띠고 있는데, 조성 연대가 뚜렷하게 전해 오고 있다는 점에서 특별하다. 목조로 된 지장보살로서 임진왜란 이전에 조성된 예를 국내에서는 거의 찾아보기 힘들어 조선 시대 전기의 조각사 연구에 매우 귀중한 목불이다.

달성사 목조 아미타삼존불

달성사가 자랑하는 또 하나의 문화재는 목조 아미타삼존불(阿彌陀三尊佛)이다. 이것은 달성사의 중심 법당인 극락보전 안에 모셔져 있으며 중앙에 아미타여래좌상을 모시고 그 좌우에 관세음보살좌상(觀音菩薩坐像)과 대세지보살좌상(大勢至菩薩坐像)을 배치한 삼존불(三尊像)이다. 일반적으로 사찰의 법당 명칭에 '보(寶)'라는 글자가 붙어 있는 경우는 내부에 모셔져 있는 불상이 삼존불의 형태이다. 아미타여래 하나만 주불로 모셔져 있으면 '극락전'이라고 칭하지만, 삼존불 형태이기 때문에 '극락보전'이라고 칭하는 것이다.

달성사의 아미타삼존불도 제작 내력이 명확하게 알려져 있다. 대세지보살의 복장에서 1958년 개금불사와 이 삼존불의 이동 경위가 담긴 기록이 발견되었는데, 1678년(숙종 4년)에 조성된 것으로 기록되어 있다. 이 삼존불은 고려 시대 후반 백련결사를 일으킨 사찰로 유명한 강진 만덕산 백련사에서 조성된 것이며, 1946년 백련사에서 완도군 고금면 옥천사(玉泉寺)로 옮겨갔다가 그 뒤 당시 달성사 주지 상봉스님의 발원에 의해 옥천사에서 옮겨온 뒤 1958년에 개금불사를 마치고 현 위치에 봉안한 것이다.

이 삼존불 역시 목조이다. 본존불의 실측 크기는 총 높이 124cm이다. 달성사 목조 아미타삼존불상은 각부의 조각이 완전하며 흔하지 않은 목조 불상으로 조성 연대가 명확해 조선 후기 불상 연구에 귀중한 자료이다. 그 희소성이 인정되어 전라남도 유형문화재 228호로 지정되었다.

신비의 샘 옥정과 나무아미타불

달성사 극락보전과 명부전 사이에는 목포 사람들이 '옥정(玉井)'이라 부르는 신비의 우물이 있다. 이 우물은 달성사의 창건주인 노대련이 1923년에 백일기도를 올리던 중에 팠다고 전해온다. 깊은 바위 속에서 솟아나는 생수가 심한 가뭄에도 마른 적이 없고 물맛이 좋기로 유명하다. 부정한 사람이 마시면 물이 일시에 없어진다는 설화도 전해온다.

달성사가 근대 사찰이기 때문에 생겨난 독특한 형태의 석탑도 있다. 바로 달성사 입구로 오르는 계단 우측에 있는 '나무아미타불비'다. 삼층석탑의 형태를 취하고 있기는 하나, 전통 불교의 석탑이 아니라 달성사에 시주한 사람들의 이름을 새긴 기념물 성격이 강하다. 1921년에 세워졌으며, 탑의 측면에는 달성사를 지을 때 부지를 기부하고 헌금한 사람들의 이름이 열거되어 있다. 전면에 '나무아미타불'이 새겨져 있으며, 높이 187cm이다. 이 역시 일제강점기에 조성된 달성사의 이색적인 근대문화유산이다.

유달산 바위에 새긴 미륵불

달성사에서 놓쳐서는 안 되는 숨겨진 명소가 한 곳 더 있다. 바로 달성사 경내를 벗어나 유달산 산책로의 바위 절벽에 글씨로 새겨진 미륵불이다. 미륵불은 달성사에서 유선각 쪽으로 올라가는 부근의 바위에 조성되어 있다. 하늘을 향해 솟아 있는 바위 절벽에 '미륵불(彌勒佛)'이라는 글자를 양각으로 새겨 놓은 것이다.

이곳은 목포 사람들에게 매우 신령스러운 장소로 여겨져 왔다. 언제 어떻게 조성된 것인지에 대해 잘 알려지지 않았기 때문이다. 그러나 이곳에 새겨진 글씨들을 유심히 살펴보면 그 궁금증을 해결할 수 있다.

좌측에는 대세지보살(大勢至菩薩) 나무아미타불(南無阿彌陀佛), 우측에는 관음보살(觀音菩薩) 세존응화(世尊應化) 이구오이년을축사월(二九五二年乙丑四月)이라는 글자가 새겨져 있다. 세존응화 2952년 을축 4월이란 불기(佛紀)를 칭하는 것으로 이를 서기로 환산하면 1925년 을축년 4월을 나타낸다. 이때는 달성사 창건 10주년이 되는 해이다. 따라서 노대련은 창건 10주년을 맞아 미륵불 글씨를 조성하고, 이곳을 수행 장소로 활용한 것이다. 미륵불 좌측 아래쪽 바위 면에 '창건주

달성사 인근의 미륵불 달성사의 창건 주지인 노대련이 창건 10주년을 기념하여 조성한 것으로 추정된다. 달성사 극락보전에 모셔져 있는 삼존불과 같은 구성이다.

좌선대대련(勅建主坐禪臺大蓮)'이라는 글자가 이를 뒷받침한다. 미륵불로 올라가는 바로 아래쪽 등산로 바위 면에는 '심본(心本)'이라는 글자가 크게 새겨져 있다. 참배하러 가기 전에 마음을 바로 하라는 의미인 것으로 보인다.

- **반야사(般若寺)** : 유달산 일주도로 아래 죽교3동 주민센터 인근에 자리 하고 있다. 원래 명칭은 백양사포교당(白羊寺布敎堂)이고, 일명 '영명사(永 明寺)'라 했다. 이곳은 목포에서 가장 오래된 사찰이다.
- **관음사(觀音寺)** : 유달산 조각공원 내에 자리하고 있는 사찰이다. 원래는 산신당(山神堂)으로 지어진 곳이었는데, 김파월(金把月) 주지에 의해 사찰 의 면모를 갖추고 관음사로 칭하였다고 한다. 절의 입구에 오르는 계단 의 중앙에 수백 년 묵은 귀목나무가 떡하니 버티고 사찰의 일주문 역할 을 하는 것 같은 모습이 이채롭다.
- **해봉사(海峯寺)** : 유달로에서 노적봉으로 올라가는 오르막길의 좌측 언 덕 위에 있다. 대학루 바로 아래에 우뚝 솟아 있는 형태의 사찰로 목포항 이 한눈에 보이는 위치에 있다. 1940년에 장성 백양사의 최학송(崔鶴松) 스님이 수행 중에 관세음보살이 나타나 목포 유달산 중턱에 법당을 창건 하고 포교하면 많은 불자가 운집하고 목포시민이 복을 받을 것이라는 계 시가 있어 이곳에 절을 세웠다고 한다.

18 갑자옥 모자점

모자아트갤러리로 재탄생한 모자 가게

갑자옥 모자점은 목포사람이라면 누구나 아는 지역의 오래된 좌표다. 일제강점기에 문을 연 후 지금까지 같은 자리에서 존재하고 있으니 그럴 만하다. 원도심 침체로 이 지역이 적막한 거리로 전락했을 때도 갑자옥 모자점은 늘 그 자리를 지켜왔다.

갑자옥 모자점 주변에는 구 동아부인상회 목포지점, 목포 5·18민주화운동의 중심지인 구 동아약국, 일제강점기에 지어진 대표적인 창고건물인 붉은 벽돌 창고, 화신백화점 목포지점 등이 남아 있다. 이곳은 그야말로 근대도시의 풍경과 이야기를 만날 수 있는 거리다.

일본 상가의 중심에 문을 연 한국 모자점

갑자옥(甲子屋) 모자점의 설립자는 제주도 출신의 문공언이다. 목포 개항 후 제주도와 목포를 연결하는 뱃길이 활성화되어 두 지역의 왕래가 활발했다. 또한 목포에서 출발한 배가 부산을 거쳐 일본까지 갔기 때문에 배를 타고 일본으로 유학을 다녀온 사람도 많았다. 문공언은 일본 오사카에 있는 낭화상업학교를 졸업한 후 어떤 업종이 전망이 좋을지 고민하다가 당시 목포 시가에서 가장 번화한 곳에 모자 전문 상점을 열었다.

우리는 원래 전통적으로 모자를 중요하게 여기는 민족이었다. 외부에 나갈 때 혹은 손님이 집에 찾아왔을 때 가장 먼저 챙기는 것이 모자였다. 특히 1895년 단발령이 내려져서 사람들이 서양식으로 머리를 짧게 깎게 되었으니, 모자의 필요성은 더 커졌을 것이다.

갑자옥 모자점은 개항 후 각국 외국인 거류지에 포함돼 일제강점기에 가장 번성했던 상가 거리의 중심에 있었다. 이곳은 옛 목포부청에서 큰 도로를 따라 역전 방향으로 연결되는 도로와 선창으로 연결되는 도로가 만나는 교차점이기도 하다. 이 일대는 일제강점기에 이른바 '긴자거리'라 불렸던

설립자 문공언 씨의 사진이 실린 갑자옥 모자점 개업 10주년 기사 상호가 '갑자옥'이어서 갑자년인 1924년에 처음 문을 열었다고 전해오고 있는데, 1937년 〈동아일보〉에 개업한 지 10년이 되었다는 기사가 있는 것으로 보아 1927년 무렵 개점한 것으로 짐작된다.

목포 상권의 핵심인데 그곳에 과감하게 한국인이 상점을 열었던 것이다. 지역 원로들의 구전에 의하면, 현재 유달초등학교 앞에서 갑자옥 모자점을 지나 구 화신백화점에 이르는 도로가 전라남도에서 최초로 아스팔트 포장이 이루어진 곳이라고 한다. 사실관계를 확인하기는 어렵지만 당시 이 지역의 위상을 짐작할 수 있다.

갑자옥 모자점은 2층 목조 건물의 형태였다가 1965년 화재로 유실되고 새로 3층 건물이 지어져 지금까지 유지되고 있다. 이 건물은 전면 중앙에 '甲(갑)' 자가 새겨져 있는 것이 특징이다.

문공언의 과감한 투자와 예상은 적중했고, 갑자옥 모자점은 이후 대전, 군산, 제주에도 지점을 열었다. 그는 당시 모자업계의 상징적 인물이 되었고, '모자상' 하면 갑자옥이라는 인식이 생겼다. 그는 모자 판매 외에도 부녀자들을 대상으로 파나마 제모 강습소를 개설하여 큰 인기를 끌었다.

100년을 향해 가는 목포의 명가

갑자옥 모자점 개업 시점을 1927년으로 보아도 벌써 90년을 훌쩍 넘었다. 설립자 문공언이 모자점을 시작한 후 친척인 고 문금희 여사가 이어받았고, 지금은 그 아들에 의해 가업이 전승되고 있다. 개업 100년을 바라보는 진정한 목포의 명가(名家)라 부를 만하다.

갑자옥 모자점의 명물은 멋쟁이의 상징인 중절모였다고 한다. 지금이야 중절모를 마음만 먹으면 쉽게 구입할 수 있지만 당시에는 상당히 고가의 특수 상품이었다. 흔히 쌀 10가마를 팔아야 중절모 하나를 살 수 있는 정도였다고 한다. 그러니 전당포에 모자를 맡기고 돈을 빌렸다는 어른들의 이야기가 허풍은 아닌 모양이다.

목포의 갑자옥은 주변 지역에 모자를 공급하는 거점 역할

1932년의 갑자옥 거리(위)와 현재의 갑자옥 모자점(아래) 갑자옥 모자점은 90년 넘게 한 자리를 지키고 있는 목포의 대표적인 근대 문화 공간이다.

을 했다. 특히 선창가와 인접해서 섬 지역 주민들이 배를 타고 왕래하면서 갑자옥 모자점에 들르곤 했다. 그래서 문 여는 시간을 섬사람들의 첫배가 출발하는 시간에 맞춰 남들보다 일찍 장사를 시작했다고 한다.

최근 목포시에서는 갑자옥모자점을 인수하여 '모자아트갤러리'를 조성했다. 갑자옥모자점을 모티브로 하여 도시재생사업의 하나로 새로운 명소를 개발하기 위함이다. 그런데 아쉬운 점은 새로운 명소를 개발한다는 명목하에 100년 가까이 이어지던 근대 명가가 사라질 위기에 처한 것이다. 모자아트갤러리를 준비하는 과정에서 기존 갑자옥모자점의 영업이 중단되어 버렸다. 새로운 명소를 만드는 것도 좋지만,

갑자옥 모자점 종이 가방
갑자옥 모자점(대전지점)에서 판매하는 모자를 담아주던 가방이다. 중절모를 쓴 남성의 모습과 가게 이름, 주소 등이 인쇄되어 있다.

무엇보다 근대 도시 목포에서 오랜 세월을 지역민과 함께해온 갑자옥모자점의 전통을 유지해나가면서 모자아트갤러리를 운영하는 방안이 필요하다.

목포를 체험할 수 있는 김은주 공방

지금은 갑자옥 모자점 주변이 문화재청의 등록문화재 718호 '목포근대역사문화공간'으로 등록되었고, 국토부의 뉴딜도시재생사업이 추진되고 있어 새로운 활기가 생겨나고 있다. 갑자옥 모자점 옆에는 이 지역의 문화재생을 위해 앞장서는 김은주 공방이 있다. 이 건물 역시 일제강점기에 지어진 근대 건축이다.

김은주 공방은 목포의 근대문화유산과 관련된 다양한 기념상품을 수작업을 통해 만들어 판매하고, 직접 체험해보는 공간이다. 단순한 공방 역할뿐만 아니라 목포를 찾는 사람들에게 관광 자료를 안내하고, 목포를 체험할 수 있게 하는 나그네 쉼터 역할도 겸하고 있다.

김은주 공방의 방주는 동네의 토박이다. 부모님이 평생을 살아온 이 지역이 문화 공간으로 재생되는 데 작은 힘을 보태기 위해 공방을 열고, 다양한 문화 활동을 전개하고 있다.

요즘은 단순히 외관을 구경하는 것에 그치지 않고 지역민과 대화하고 소통하면서 그 지역의 문화를 체험하는 것도 중요한 여행 패턴이 되고 있다. 그런 여행객에게는 김은주 공방이 적격이다. 이곳에서는 목포에 대한 소식도 함께 나누고 다양한 문화체험도 할 수 있다.

김은주 공방 앞 도로에는 하수구 맨홀 뚜껑이 있는데, 그 모양이 굉장히 고풍스럽다. 일제강점기 목포부에서 하수도 공사를 하면서 설치한 맨홀 뚜껑이 100년의 세월을 이겨내며 그 자리에 그대로 남아 있다. 맨홀의 가운데 새겨진 문양은 당시 목포부청의 휘장(상징 마크)이다. 그만큼 이 일대가 살아 있는 근대역사 유적지로서의 현장성이 강하다는 의미일 것이다. 목포 개항장 거리를 걸으면서 도로 위에 남아 있는 일제강점기의 흔적을 살펴보는 것도 근대도시 여행의 소소한 즐거움이다. 일제의 맨홀 뚜껑은 갑자옥거리 주변, 유달초등학교 앞, 근대역사관 앞 도로 등에 남아 있다.

구 동아부인상회 목포지점

구 동아부인상회 목포지점은 일제강점기 상업시설이 밀집되었던 지역에 세워진 상점으로 등록문화재 제718-11호이다.

이 건물은 일본 상인 하타노 류스케의 소유로 잡화 판매와 화재보험대리점을 겸한 '하타노상점'이었다. 1931년 이후 동아부인상회 목포지점으로 사용된 것으로 추정된다.

동아부인상회는 생활용품 판매를 위해 서울에서 1920년에 설립되었는데, 여성들이 주축이 돼 진행한 최초의 근대적 사업이었다. 이후 지방에까지 지점을 넓혔다. 부인들을 대상으로 시작한 상점이었지만, 당대에는 일종의 백화점으로 인식되었다. 1937년 〈동아일보〉에는 동아부인상회 목포지점을 '목포의 대백화점'이라 표현하고 있다. 당시 운영자였던 '정남룡(鄭南龍)'을 목포를 대표하는 사업가 중 한 명으로 소개하고 있으니 단순한 상점 이상의 위상을 지니고 있었음을 알 수 있다. 목포의 구호사업이나 기타 여러 신문 기사에 동아부인상회가 등장하니, 목포 시민사회와도 밀접한 관계의 대표 상가였다는 특징이 드러난다.

구 동아부인상회는 외부에서 보면 건물이 그리 커 보이지 않는데, 건물의 전면보다 내부가 약 3배 정도 길쭉한 형태의 구조다. 원래는 1층은 상가, 2층은 주거공간으로 사용할 수 있게 지어진 주상복합형 건물이다. 건물 외관과 내부 목재 구조의 원형이 아직 잘 남아 있다. 1층과 2층을 연결하는 나무계단이 보존되어 있고, 안쪽에 작은 마당이 있다. 눈썰미가 좋은 사람은 본 건물과 왼쪽 건물과 사이에 두꺼운 석조 벽이 하나 끼어 있는 것을 발견할 수 있다. 이것은 화재 발생 시 옆 건물로 번지는 것을 막기 위해 세운 '방화벽'이다. 목포 근대 건축물 중에는 이러한 석조 방화벽이 남아 있는 곳이 여러 군데 있다. 당시 상가 밀집 지역의 건축문화를 이해하는 데 도움이 되는 유적이기도 하다.

이 건물은 원도심의 침체와 함께 오랫동안 빈 건물로 방치되어 있었다. 그러다가 2015년부터 뜻있는 목포의 문화예술인들이 힘을 모아, 문화예술협동조합 '나무숲'을 결성하고 이 건물을 문화예술창작센터로 활용하기 시작했다. 거의 폐허 수준의 빈 건물을 예술인들이 직접 청소하고 내부를 고쳐서 목포시민들의 사랑을 받는 예술 공간으로 재탄생시킨 것이다. 그래서 한동안 이곳은 '나무숲' 건물로 불렸다. 나무숲은 지역의 도시재생 사례에서도 전국적인 모범사례로 알려졌다. 최근에는 나무숲이 다른 건물로 이전하였고, 앞으로는 갯벌에서 일하는 여성들의 모습을 전문적으로 그려온 화가 박석규의 갤러리로 활용될 예정이다.

구 동아부인상회 건물 주변에는 근대 건축물들이 밀집되

어 있다. 바로 옆에 있는 손소영 갤러리 카페도 근대 건물을 그대로 보존 활용한 곳이다. 손혜원 국회의원의 조카가 운영하는 카페로 더 유명해지면서 목포를 찾는 근대문화유산 탐방객들이 즐겨 찾는 명소로 자리 잡았다.

구 동아약국

구 동아약국 건물은 일제강점기 목포상업의 중심지였던 행정(幸町) 사거리 모퉁이에 조성된 건물로 등록문화재 제718-13호다. 등록된 명칭은 '목포 번화로 일본식 상가주택-3'이지만, 목포사람들에게는 '동아약국' 자리로 기억되고 있는 곳이다. 이곳은 근대문화유산이자 민주화운동 사적지라는 의미를 동시에 지니고 있다.

구 동아약국이 있던 건물은 1층에 하나의 긴 지붕 아래 여러 상가가 함께 있고, 2층은 주택으로 사용이 가능한 일본식 주상복합형 건물이다. 1층 건물의 모퉁이 부분이 1980년 5·18민주화운동 당시 목포 지역 지도자였던 안철(安哲) 장로가 운영했던 동아약국 자리다.

안철은 1980년 5·18민주화운동 당시 '목포시민투쟁위원회'의 위원장으로, 민주화운동에 앞장선 인물이었다. 1977년

구 동아약국 재현 풍경 2019년 전라남도 혁신박람회 기간에 동아약국 이야기가 작은 전시관으로 조성된 적이 있었다. 아쉽게도 현재는 상점으로 변경되었다.

한국기독교전국연합회장으로 선출되어 사회활동을 시작했고, 이 일로 징역 1년 형을 선고받았다. 1980년 5월에도 목포항쟁을 이끌다 옥고를 치렀고, 1987년에는 민주헌법쟁취국민운동본부 목포지부 공동의장을 맡아 6월항쟁을 이끌었다. 그가 운영하던 동아약국은 목포민주화운동의 본거지로 기억되고 있다. 건물 앞에는 5·18민주화운동 관련 사적지 기념석이 세워져 있기도 하다.

안철 장로가 세상을 떠난 후 이 건물은 오랫동안 빈 건물로 방치되었다. 목포시와 시민단체가 여러 차례 매입과 보존을 위한 시도를 했으나, 건물의 안전도 부분이 문제가 되어 쉽게 진척이 되지 못했다.

동아약국 자리는 지난 2019년 전라남도 혁신박람회를 맞아 목포민주화운동을 기념하는 작은 전시관으로 꾸며지기도 했다. 소중한 사적지가 방치되는 것이 안타까워 필자가 주도하여 임시로 조성한 것이었는데, 아쉽게도 이 공간은 오래 지속되지 못했다. 개인 소유 건물이다보니 현재는 상가로 변경되었다.

백반거리 골목에 숨어 있는 붉은 벽돌 창고

동아약국 자리에서 구 화신백화점 건물까지의 거리는 저렴한 가격에 푸짐한 전라도 음식 한 상을 받을 수 있는 백반거리다. 목포 토박이들도 자주 이용할 정도로 음식의 맛과 품질이 검증된 곳이다. 돌집, 백성식당, 운회관, 061식당 등이 도로 양옆으로 늘어서 있다. 가장 일반적인 목포백반을 먹어보고 싶다면 이 거리의 식당을 방문하면 될 것이다.

이 백반거리 사이에 용궁장으로 들어가는 작은 골목길이 있는데, 여기로 들어서면 골목 안에 숨어 있는 예상치 못한 보물 같은 창고 건물(등록문화재 제718-14호)이 있다.

1897년에 목포가 무역항이 되고, 1914년에 호남선이 개통되면서 주변에 많은 창고가 지어졌다. 일제강점기 목포에는 조선운송주식회사와 조선미곡창고 회사 등 창고를 활용하는 전문회사가 번창하기도 했다. 이 건물도 그러한 흐름 속에 조성된 것으로 붉은 벽돌을 이용한 창고 가운데 그 원형이 가장 잘 남아 있는 사례다. 책을 펼쳐서 엎어놓은 모양인 박공지붕 형태의 창고 3개가 나란히 있는 구조다.

구 목포화신연쇄점

백반거리 반대편 사거리에는 화신연쇄점 목포지점으로 사용된 건물이 보존되어 있다. 이 건물은 1932년에 마루오카 다수쿠치로가 지었다. 그는 일본영사관 소속 경찰로 목포에 들어온 후 상인으로 변모하여 총포 화약, 서양식 가구 등을 수입해서 파는 상점을 운영했다. 이후 한국인에게 소유권이 이전되어 1935년부터 1938년까지 목포화신연쇄점으로 사용되었다. 목포의 대표적인 노동운동가였던 서병인이 독립운동 자금을 모으기 위해 이곳을 운영했다는 구전도 전해온다. 실제 서병인의 개업에 관한 신문 기록도 남아 있어 흥미롭다.

목포화신연쇄점은 독립적인 규모를 갖춘 한국인들의 백화점이었다. 1930년대 발간된 〈호남평론〉에 '여러분의 백화

구 목포화신연쇄점 목포 근대 상점 중 가장 화려한 건물로 방송 프로그램 '알쓸신잡'의 목포 편에 백화점 건물로 소개되어 더 유명해졌다. 원래 건물은 붉은 벽돌로 지어졌는데, 현재는 외벽에 색깔이 덧칠된 상태이다.

점'이라는 표현이 담긴 광고가 남아 있다. 1층에서 서양 물품, 공예품, 화장품을, 2층에서 문방구, 가구, 악기 등을 판매했고, 옥상부인 3층에는 식당과 양복판매점이 있었다.

이후 1938년 조선신탁주식회사, 1941년 조선운송주식회사, 1972년부터는 대한통운 목포지점으로 사용되었다. 대한통운으로 가장 오래 사용되었기 때문에 목포사람들은 흔히 대한통운 건물로 기억하는데, 목포역과 선창의 중간 정도 위치에 있어 운송업에 적합한 장소였다.

목포화신연쇄점은 현존하는 목포의 근대 상점 중 가장 규모가 크고 외관도 화려하다. 붉은 벽돌을 이용했으며, 전면부를 교차로에 어울리게 곡선 형태로 만들었다. 내부는 상품 진열이 쉽게 넓은 개방형 공간으로 만들고, 곳곳에 기둥을 설치한 것이 특징이다. 현 등록문화재 제718-15호로 주변에 호남은행과 오거리가 있고, 선창과도 매우 근접해 있어 도보 여행에 매우 적합한 공간이다.

19 고하도 감화원 터
아름다운 섬에 세운 소년감옥

목포 앞바다에 자리한 고하도는 정유재란 때 이순신이 머물며 조선 수군을 재건한 호국사적지다. 이곳에는 주권을 빼앗긴 식민지 시절 나라 잃은 설움의 흔적이 담긴 유적들도 많이 남아 있다. 고하도는 하나의 장소에서 호국과 치욕의 역사를 함께 체험할 수 있는 역사의 섬이다. 일제강점기의 역사를 보여주는 장소 중 하나가 감화원의 흔적이다. 감화원은 표면상 사회복지시설이지만, 실제는 인권유린 현장이자 천황을 위해 전쟁에 나가 죽을 수 있는 황국신민을 육성하던 공간이었다.

고하도에 세워진 일제강점기 두 번째 감화원

감화원(感化院)은 일제강점기에 만들어진 소년범죄자들의 교육 갱생시설이다. 1923년 일제가 제정한 「조선감화령」에는 감화원에 수용하는 대상에 대해 '연령 8세 이상 18세 미만의 자로 불량 행위를 하거나 불량 행위를 할 우려가 있고, 적당한 친권을 행사하는 자가 없는 자'로 규정하고 있다. 불량 행위를 한 경우뿐만 아니라 불량 행위를 할 우려가 있는 사람도 수용 대상으로 포함시켜 놓은 점이 특징이다.

1923년 원산에 첫 번째 감화원이 설치된 후 감화원 증설이 논의되다가, 1937년부터 전남의 도서 중에 한 곳을 후보지로 물색했다. 전남의 도서 연안 중에 최종적으로 감화원 부지로 선정된 곳이 바로 고하도였다.

조선총독부는 1938년 당시 무안군에 속하던 고하도의 용머리 해안가 주변에 감화원 시설을 신축하였다. 원산 영흥학원에 이어 두 번째였다. 감화원이 신설된 위치는 고하도 주민들이 밀집해 살고 있는 마을에서 가장 멀리 떨어진 곳이었다. 목포항과 고하도가 매우 가깝지만, 감화원은 항구가 보이지 않는 반대 방향에 설치하였다. 철저하게 외부와 격리시킬 목적이 강했던 것이다.

출발부터 이상했던 고하도 감화원

고하도 감화원은 1938년부터 업무를 시작했고, 1939년 6월 11일에 정식으로 개원식을 가졌다. 1923년에 최초 감화원이 개설된 이후 16년이나 지난 시점이고, 이때는 이미 1938년 국가총동원법이 시행된 이후 시점이기 때문에 그 순수성이 더 의심스럽다. 일제는 1938년 4월 전쟁에 대비하여 인적·물적 자원의 총동원을 위해 전시통제의 기본법을 작동한 상태였는데, 이런 상황에서 외딴 섬에 막대한 예산과 인력을 투자하여 사회복지시설을 운영하는 것이 과연 가능했을까?

조선총독부에서는 5만4천 평의 고하도 땅을 확보하고 이곳에 400여 평의 건물을 지었다. 감화원 신축 공사에 당시 돈으로 5만 원의 경비를 투자했고, 개원 후 300~500명을 이 고하도 학원에 수용하여 교화한다는 계획을 발표했다.

그런데 개원 당시 상황을 보도한 신문 기록을 보면 출발부터 그 성격이 이상했음을 알 수 있다. 〈동아일보〉 1939년 6월 13일 자 기사에 현황에 대한 기록이 실려 있다. 개원 당시 수용된 아동이 33명이었는데, 이 중에서 8세가 최저 2명, 16세가 최고 1명, 이외에 11세 7명 등의 순서였는데, 의아한 것은 이 중에 지능이 낮은 아동이 24명이나 포함되어 있었다는 것이다. 또한 그들 중에는 보호자 없는 아동이 18명이었고, 대부분이 친척도 없는 고아들이라고 소개하고 있다. 즉 불량 행위를 한 아동들이 아니라, 저능아 중에 가족이 없는 사람을 중심으로 수용했음을 알 수 있다. 지역도 목포항에 모여든 전남의 아이들이 중심인 것이 아니라 전북 출신이 가장 많았고, 전남과 기타 지역에서도 데리고 왔다.

설립 목적만 따지면 감화원은 매우 좋은 의도의 사회복지 시설이다. 단순히 범죄 행위에 대한 형기를 살아야만 하는 일반 형무소와는 달리 감화원은 미성년자들의 재범을 막고, 교화시키기 위한 교육 기능을 병행하는 곳이었다.

이러한 교육적인 취지 때문인지 고하도 감화원의 명칭은 '국립목포학원'이었다. 현지에 남아 있는 고하도 감화원 터 교문 기둥에 이러한 명칭이 새겨져 있다. 그러나 궁극적으로 그들의 교육 목표는 전쟁 상황에서 천황을 위해 기꺼이 죽을 수 있는 '충성스러운 황국신민 양성'이었다.

감화원의 실상

감화원 설립 취지와 교육 기능은 그럴듯한 허울에 불과했고, 실제 현실은 이상과는 많이 달랐다. 1941년에 설치된 선감도(현 경기도 안산시) 감화원의 사례를 통해 그 실상이 상세하게 알려졌다. 일본인 이하라 히로미츠가 1995년에 발표한 『아 선감도』가 그 시작이었다. 이하라 히로미츠는 선감학원의 부원장이었던 아버지를 따라 어린 시절 3년간 선감도에서 생활했다. 일본인이지만 자국의 잘못된 행위를 반성한다는 취지로 자신의 기억과 추가 조사 내용을 바탕으로 책을 발간하였다. 소설의 형태이기는 하나 당시의 상황이 반영된 실화에 가깝다. 대표적인 부분을 소개하면 다음과 같다.

굶어 죽기 일보 직전인 원생들이 도망치다가 물에 빠져 죽었다. 2년 동안 10명이나 된다. 배가 고파 아무 풀이나 먹은 탓에 위염, 위궤양으로 고생하는 아이가 많았다. 폐결핵 환자도 10명이나 됐다. 도망치다 잡혀 온 아이는 손을 뒤로 묶은 뒤 죽도로 미친 듯이 두들겨 팼다. 등과 허벅지 엉덩이에서 쏟아진 피가 순식간에 마당에 있는 돌을 적셨다. 마침내 (매를 참지 못해) 스스로 혀를 깨물고 죽은 아이도 있었다.[2]

---

2 이하라 히로미쓰, 『아 선감도』(김양식 역), 행림출판사, 1995.

이렇듯 교화와 갱생을 목적으로 설치 운영된 감화원의 실제 현실은 인권유린의 현장이었다.

단절하지 못한 일제의 잔재

안타까운 것은 이러한 비인권적인 폭력이 난무하던 감화원이 해방 이후에도 한국 사회에 오랫동안 존속되었다는 것이다. 고하도 감화원은 1967년 12월 20일 공식 폐쇄되었다. 당시 신문에서는 정신박약아와 불량아 등을 수용하던 시설이라고 소개하였다.

1954년 11월 12일 〈동아일보〉는 당시 고하도 감화원에 140명의 지적장애 아동이 수용되어 있었는데 정신감정 결과 60명이 정상으로 판정되었으며, 이들이 어떻게 이곳에 수용되었는지 경위가 전혀 밝혀지지 않았다고 기록했다. 사회복지시설이 제대로 기능하지 못했으며, 실적을 채우기 위해 거리에서 오갈 데 없는 아이들을 무분별하게 데려다 수용했음을 알 수 있다.

인권유린의 상황은 해방 후에도 크게 변한 것이 없었다. 이는 고하도 감화원에서 생활한 경험이 있는 조세형(1938년생)의 증언을 통해 확인된다. 조세형은 1980년대 고위층과 부자들의 저택을 털면서 물방울 다이아를 훔친 대도로 유명했던 인물이다. 1999년 목포 희성교회에 간증을 온 조세형은 자신이 어린 시절을 고하도 감화원에서 보냈음을 밝히며, 그가 기억하는 감화원에서의 유년 생활 이야기를 회고한 바 있다. 그는 서울시립고아원에 있다가 고하도 감화원으로 이송되었다. 뼈아픈 유년 시절의 추억이 있는 곳이 '고하도'라고 이야기했고, 유년기 시절의 기억은 온통 몽둥이로 맞던 기억밖에 없다고 했다. 그 당시 감화원은 심한 학대와 야만적 행위로 아이들의 증오심만 키웠고, 배고픔을 못 이겨 탈출을 시도하다 바다에 빠져 죽는 사고도 빈번하게 발생했다고 말했다.

조세형의 증언뿐만 아니라 신문 기사를 통해서도 그러한 정황이 확인된다. 1962년 6월 20일 자 〈경향신문〉에는 고하도 국립감화원 원아 4명이 탈출하여 1명은 실종되고 3명은 극적으로 구조되었는데, 탈출한 이유가 혹심한 린치 때문이었다고 보도되어 있다. 조세형은 고하도 감화원은 마치 더 큰 범죄자를 양성하는 곳 같았다고 했는데, 그러한 분위기가 신문 기사에도 그대로 반영되어 있다.

감화원 터에서 바다를 바라보면 장자도와 달리도가 가깝

게 보인다. 이곳에 수용된 아동들이 볼 때 조금만 헤엄쳐 가면 감화원을 탈출해서 다른 섬으로 빠져나갈 수 있으리라 생각했을 텐데, 그들에게 감옥 섬에서의 탈출은 결코 쉽지 않은 일이었다. 이하라가 증언한 일제강점기 선감도 감화원의 분위기가 해방 후 목포 고하도 감화원에서도 그대로 유지되었다는 점에서 한국 현대사의 모순이 느껴진다.

현장에 남아 있는 감화원의 흔적들

감화원은 위치상 고하도 용머리 서쪽 해안의 현 목포대교 아랫부분에 해당한다. 감화원이 폐지된 후 1980년대부터 이 일대가 공생재활원의 별관 부지로 사용되다가, 지금은 사용되고 있지 않다. 옛 감화원 터 입구 쪽에는 유달산과 고하도를 연결하는 해상케이블카 승강장과 주차장이 있다.

감화원 터에는 일제강점기의 흔적을 볼 수 있는 시설들이 아직도 남아 있다. 해안가 쪽에는 감화원 전용으로 조성된 부두 시설의 흔적이 있다. 부두 입구에는 감화원의 교문 역할을 했던 석조로 된 기둥이 양쪽으로 나란히 세워져 있다. 이중 우측 돌기둥에 '國立木浦學院(국립목포학원)'이라는 글씨가 새겨져 있다. 교문 바로 우측 언덕에는 석조로 된 사각형

바다를 향해 세워진 고하도 감화원 교문 우측 기둥에는 국립 목포학원이라는 글자가 적혀 있다. 바다를 향해 세워져 있는 고하도 감화원 교문으로는 학생이 들어올 수는 있으나 나갈 수는 없었다. 교문이란 학생들이 출입을 하는 곳인데, 이 교문은 한 번 들어오면 못 나가는 감옥의 문과 같았다.

모양의 작은 건물 하나가 남아 있다. 위급 상황에 대비하여 물을 저장하던 용도의 건물로 추정된다.

건물지의 우측 뒤편에 일제강점기에 지어진 것으로 보이는 폐건물 몇 채가 남아 있고, 감화원 터 입구 쪽과 마당 쪽에 당시부터 사용했다고 알려진 우물 2기가 현존한다. 부분적으로 축대나 계단 등의 석재에서 일제강점기에 지어진 것으로 추정되는 흔적들이 보인다.

일제강점기 엽서에 담긴 고하도 감화원 아이들 고하도 감화원에 수용된 아이들이 해변에서 후리질이라 부르는 방식으로 고기잡이를 하고 있는 모습이 담겨 있다. 엽서에는 목포학원이라고 적혀 있다.

고하도 감화원 터에 남겨진 숙제

고하도 감화원은 일제강점기 감화원 가운데 두 번째로 생긴 곳이고, 남한 지역으로만 보면 감화원 중에 가장 빨리 생긴 곳이다. 고하도 감화원 터는 일제강점기의 사회상을 보여주는 현장이며 섬의 격리와 고립성이 극대화된 현장으로서 역사성이 있다.

최소 1938년부터 1967년까지 30년 가까운 세월 동안 고하도에서 그러한 시설들이 유지되었고, 누군가는 외부 세계와 격리된 채 고통의 시간을 보내야 했다. 역사적으로 그 흔적을 보존하고 기록해야 할 의무가 있고, 사회적 관심도 필요하다. 현재 고하도 감화원 터에는 안내문 하나 세워져 있지 않다.

감화원은 일제가 조선을 어떻게 통치했는지 그 실상을 보여주는 역사의 현장이다. 아픈 역사의 현장을 탐방하는 다크투어리즘의 장소로 활용 가치도 있다. 아이러니하게도 감화원 주변의 풍경은 매우 아름답다. 지금은 다도해의 풍광을 만끽할 수 있는 해상케이블카가 유달산에서 고하도로 지나다니고 있다. 아름다운 풍경 속에 감춰진 고하도 감화원 터가 일제강점기 역사의 현장으로 널리 알려지기를 기대한다. 많은 이들이 이곳을 찾아 선조들의 아픔을 기억하고, 일제의 잘못된 통치정책과 해방 후 비민주화시대에 있었던 반인권적 상황에 대해 추모하는 공간으로 재탄생되는 날이 오기를 바란다.

20 갓바위

갓을 쓴 사람 모양의 신비로운 쌍둥이 바위

목포시 용해동에 소재한 갓바위는 사람이 갓을 쓰고 있는 모양인 약 5m 정도의 해안가 암석이다. 이 갓바위는 유달산, 삼학도와 함께 목포 자연환경의 3대 상징물이다. 갓바위는 예부터 목포시민들의 휴양지로 사랑을 받아왔다. 지금은 이 일대가 예향 목포의 자긍심을 느끼게 하는 문화의 거리가 되었으며, 더불어 주변의 평화광장은 대표적인 목포시민들의 해안 공원으로 사랑받고 있다. 갓바위는 이 모든 흐름의 일등공신이자 목포의 보배로운 자연 유산이다.

목포 대표 천연기념물

목포 갓바위는 영산강과 바다가 만나는 해안가에 형성된 자연 유산으로 2009년 4월 27일 대한민국의 천연기념물 제500호로 지정되었다. 신비로운 생김새에 사연 깊은 전설까지 깃들어 있어 오랫동안 목포사람들에게 사랑받아온 명소다. 대구 팔공산의 갓바위가 인위적으로 인간이 바위를 깎아서 조성한 것이라면, 목포의 갓바위는 조물주가 선물한 자연의 신비다.

해안가에 위치한 특성 때문에 과거에는 배를 타고 나가지 않으면 갓바위의 정면 모습을 살피기 어려웠는데, 지난 2008년 목포시에서 갓바위를 해상에서 직접 조망할 수 있는 해상 보행교를 설치한 후 언제든지 자유롭게 갓바위의 진면목을 만끽할 수 있다.

갓바위에 깃든 목포의 전설

갓바위는 목포 삼학도와 함께 이 지역을 대표하는 아름다운 전설을 간직하고 있다. 전설 속에 나오는 인물은 구전에 따라 때로는 '도통한 스님'으로 나오기도 하고, 때로는 '효심 깊은 청년'으로 등장하기도 하는데, 지금의 바위 형상과 전설의 내용이 매우 잘 맞아떨어진다. 전설의 내용은 이 지역민들의 생활상과 성품을 반영하고 있다고 볼 수 있다.

흥미로운 점은 이 일대의 옛 지명이 '성자동(聖子洞)'이었다는 것이다. 성스러운 사람이 사는 곳이라는 의미다. 그 성스러운 사람은 바로 전설 속에 나오는 스님이나 효심 깊은 청년을 지칭하는 것이 아닐까? 갓바위의 전설은 제주도의 돌하르방처럼 지역의 문화적 전통을 상징하는 가치가 있는 문화적 유산이다.

갓바위의 전설은 여러 버전이 전해오는데, 대표적인 것을 소개하면 다음과 같다.

아주 먼 옛날에 병든 아버지를 모시고 소금을 팔아 살아가는 젊은이가 있었는데 살림살이는 궁핍하였지만, 아버지를 위해서는 어떤 일도 마다하지 않는 착한 청년이었다. 그는 아버지의 병환을 치료하기 위해 부잣집에 머슴으로 들어가 열심히 일했으나 주인이 품삯을 주지 않아 한 달 만에 집에 돌아와 보니 아버지의 손과 발은 이미 식어 있었다.

젊은이는 한 달 동안이나 병간호를 못 한 어리석음을 한탄하며, 저승에서나마 편히 쉴 수 있도록 양지바른 곳에 모시려다 그만 실수로 관을 바다로 빠뜨리고 말았다. 불효를 후회하며 하늘을 볼 수 없다며 갓을 쓰고 자리를 지키다가 죽었는데, 훗날 이곳에 두 개의 바위가 솟아올라 사람들은 큰 바위를 아버지 바위라 하고 작은 바위를 아들바위라고 불렀다.

갓을 쓴 사람 모양의 바위가 두 개라서 두 명의 주인공이 등장하는데, 어떤 전설에서는 청년의 잘못을 옆에서 깨우쳐 준 스님의 모습이라는 설도 있다.

한편 "부처님과 아라한(번뇌를 끊고 세상의 이치를 깨달은 성자)이 영산강을 건너 이곳을 지날 때 잠시 쉬던 자리에 쓰고 있던 삿갓을 놓고 간 것이 바위가 되어 이를 중바위(스님바위)라 부른다"는 이야기도 전해온다.

영산강이 만든 자연유산

목포 갓바위는 지질자원으로서의 가치와 관광자원으로서의 가치를 동시에 지녔다. 해수와 담수가 만나는 영산강 하구에 위치하여 풍화작용과 해식작용의 결과로 마치 삿갓을 쓴 사람의 모습을 한 특이한 형상을 만들어냈다.

담양 용추골에서 발원한 영산강은 굽이굽이 흘러 목포 앞바다로 내려오는데, 갓바위가 있는 해안가는 강의 줄기가 마지막으로 굽이치는 곳이다. 자연스럽게 강한 바람이 해안가

목포의 대표적인 관광자원이자 지질자원인 갓바위 아름다운 갓바위는 풍화와 해식 작용의 영향으로 암석이 어떻게 변화하는지 보여주는 지질학적 가치도 크다.

암석에 부딪히게 되는데, 오랜 세월의 시간이 쌓여 지금의 신비로운 형태가 완성된 것이다.

갓바위의 상징인 삿갓 모양의 덮개와 벌집 모양의 흠들은 바닷물에 의한 침식의 결과로 만들어졌다. 갓바위에 파도가 치거나 안개가 끼면 그 표면이 염분을 함유한 수분에 젖었다가 마른다. 그 과정이 반복되면서 표면이 쉽게 풍화되어 구멍이 생긴다. 목포 갓바위는 풍화와 해식작용의 영향으로 암석이 어떻게 변화되어 가는지를 잘 보여준다.

문화유산의 가치를 평가할 때 시각적인 가치도 중요한 기준이 된다. 목포 갓바위는 그런 면에서도 높은 평가를 받는다. 영산강의 아름다운 자연환경과 조화를 이룬 갓바위의 풍경은 일찍부터 목포의 외곽휴양지와 소풍 장소로 사랑받아 왔다.

평화광장과 춤추는 바다 분수

갓바위에서 영산강 하구언 방향으로 이어진 해안로(평화로)를 목포사람들은 흔히 '평화광장'이라고 부른다. 해안로 중간 지점에 시민들이 즐길 수 있는 광장 시설이 있어서 그렇게 불렸다. 이곳은 매립을 통해 형성된 신도심 지역으로 주변을 통칭 '하당'이라고 부른다. 평화광장은 목포의 신도심인 하당 지역의 자유공원과 같은 역할을 한다.

목포시에서 이곳에 시민들의 휴식 공간으로 광장을 조성한 것은 1999년이었는데, 당시 최초의 이름은 미관광장이었다. 도시계획에서 사용하는 '미관지구의 광장'이라는 행정 편의적인 명칭이 붙여졌는데, 이곳을 이용하는 사람들의 수가 늘어나면서 목포를 상징하는 이름으로 바꿔야 한다는 여론이 높아졌다. 목포시에서 공모를 거쳐 '평화광장'으로 이름을 변경하였다. 김대중 대통령의 한국인 최초 노벨평화상 수상이라는 역사적 의미를 기리고, 목포가 인권과 평화의 도시로 성장하기를 기대하는 마음이 담겨 있었다.

평화광장이 조성되면서 이곳에 목포시민들의 발걸음이 이어졌다. 신도심에 사는 주민들 외에도 바다를 보고 싶은 사람들이 평화광장으로 몰려들었고, 특히 야간에 자유롭게 산책을 즐기고 싶은 사람들에게 인기가 높았다. 자연스럽게 주변에 상가와 편의시설들이 생겨나면서 지금은 연인들의 데이트 코스와 목포시민들의 레저 활동 공간으로 자리 잡았다.

갓바위와 함께 평화광장의 명소로 꼽히는 것이 있다. 바다 위에 설치된 '춤추는 바다 분수'다. 야간에 음악과 함께 아름다운 영상과 레이저가 어우러진 바다 분수 쇼가 펼쳐진다. 건립 당시에는 해양환경 오염 문제 등으로 반대 여론도 있었는데, 지금은 '낭만항구' 목포의 밤바다를 아름답게 수놓는 명소로 널리 알려져 있다.

신청곡이나 사연을 홈페이지에 미리 신청하면, 분수 공연시에 안내방송과 자막이 함께 연출되어 잊지 못할 뭉클한 추억을 선물해주기도 한다. 분수 공연은 겨울철을 제외한 봄·여름·가을의 저녁 시간에 펼쳐지며, 1회 공연에 20분의 시간이 소요된다. 평화광장 해안 산책로에 분수 쇼를 즐길 수 있는 관람석이 마련되어 있다. 최근에는 바다분수 앞에 해상 무대가 추가로 설치되어 다양한 문화 예술 공연이 함께 펼쳐지고 있다. 특히 매월 마지막 주 토요일과 각종 기념일 야간에는 화려한 불꽃놀이가 함께 어우러진 '목포해상W쇼'가 진행되어 많은 관광객들이 찾아오는 명소가 되었다.

갓바위의 야경 해상보행교가 설치되고 야간 경관 조명이 설치되어 밤에도 신비로운 분위기의 갓바위를 감상할 수 있다.

21 호남은행
목포대중음악의전당으로 변신한 근대 은행

목포 상권의 중심이었던 오거리에서 선창 쪽으로 연결되는 도로로 진입하면 옛 지명이 '상락동'인 곳이 나온다. 상락동은 사시사철 즐거운 곳이라는 의미이다. 도로 주변에 극장, 백화점, 카페 등이 밀집되어 있었다. 상업문화가 발달한 곳에 빠질 수 없는 곳이 은행인데, 이곳에는 일제강점기 민족자본 육성을 위해 설립된 호남은행 건물이 남아 있다.

1898년 10월 1일 설치된 일본회사인 주식회사 제일은행 목포출장소가 목포의 근대적 금융시설의 효시다. 일제강점기 항구도시 목포가 호황을 누리게 되면서 은행도 많아지는데, 이 은행들은 모두 일본계 회사였다. 제일은행, 식산은행, 18은행, 동양척식주식회사 등이 대표적이다. 1920년에 이르러 호남은행 목포지점이 설립되면서, 처음으로 한국인을 위한 민족자본 은행이 등장했다.

민족자본을 위한 은행 설립

호남은행은 명칭에서도 알 수 있듯이 이 지역의 산업발전을 위해 현준호가 중심이 되어 설립한 은행이다. 본점은 광주에 두었고, 목포지점을 당시 무안통 6번지에 설립하였다. 나중에 건물을 신축하여 현재의 위치(해안로249번길 34)로 옮겼다.

당시 호남지방은 풍부한 농수산물과 죽세공, 지물 등의 유명한 특산물을 산출하고 있었지만, 산업자금의 수급과 금융을 원활하게 할 기관이 없었다. 그러한 한계를 극복하기 위해 호남은행이 설립되었는데, 목포권 최고의 부자로 알려진 김상섭, 문재철, 차남진 등이 대주주로 참여했다. 설립 직후 김상섭이 잠시 대표를 맡았다가 이후 현준호 대표, 김신석 전무이사 체제로 운영되었다. 해방 후 초대 대법원장을 지낸 김병로(金炳魯)도 창립발기인 중 서울 쪽 인사로 참여했고, 이후 호남은행 이사와 감사 등을 역임하였다. 은행을 설립하기 위해서는 전국적인 명망가가 필요했고, 김병로 선생도 그러한 취지로 호남은행에 도움을 준 것으로 보인다.

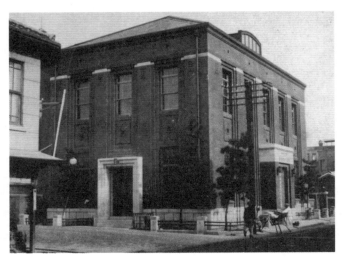

호남은행의 과거(위)와 현재(아래)　위는 1932년 발간된 『목포사진첩』에 실린 호남은행 목포지점의 모습이다. 이 건물은 현재 '목포대중음악의전당'으로 사용되고 있다.

호남은행은 1933년 7월에 동래은행(東萊銀行)을 흡수 합병하여 영업 지역을 경상남도까지 확대하였고, 영광·담양·순천 등에도 지점을 설치하였다. 호남은행은 당시 지방은행 가운데 실적 1위의 성과를 올렸고, 한국인 거래량이 80%가 넘을 정도로 민족은행으로서 특화 발전하고 있었다.

그러던 중 일본이 민족계 금융기관에 대한 지배체제를 확립하기 위한 식민지 금융정책을 강화하면서 위기를 맞았다. 일제는 민족계 은행의 통합을 강요했으나 호남은행은 조선총독부의 정책에 순응하지 않고 독자 운영을 고수하였다.

결국 총독부가 일본인 자본의 참가를 거역하고 일본인을 직원으로 채용하지 않는다는 등의 이유를 들어 동일은행(東一銀行)과의 통합을 강요한 결과, 1942년 5월 1일에 강제 합병을 당하였다. 이후 조흥은행, 신한은행으로 그 계보가 연결되고 있다.

목포 유일의 근대 은행 건물

호남은행의 설립은 1920년이고, 본 건물이 신축된 것은 1929년 11월 11일이다. 근대문화유산으로서의 가치를 인정받아 등록문화재 제29호로 등록되어 있다. 전체 427평의 대지에 건물은 256평 정도의 규모이고, 직사각형 모양의 2층 구조이다. 외부는 벽돌 표면에 붉은색 타일을 붙여 마감하였다. 정면에 4개, 측면에 각각 3개의 수직창이 2층까지 설치되어 건물의 수직성을 돋보이도록 만들어졌다.

구전에 의하면 건물 설계는 미국이 맡았고, 공사는 일본이 시행했으며, 벽돌은 러시아산을 사용했다고 전해진다. 본관 건물은 좌·우로 약간 긴 장방형으로, 전형적인 금융업 건물의 평면형 구조를 보여준다. 해방 이후에도 계속 은행으로 사용되다가 현재는 '목포대중음악의전당'으로 사용되고 있다.

호남은행 건물과 관련해서 재미있는 일화가 전해오고 있다. 건립 당시의 간판과 관련된 이야기이다. 지금의 정문에는 현대적 간판이 걸려 있지만, 그 안은 예전에 돌 위에 음각된 '주식회사 조흥은행목포지점(株式會社 朝興銀行木浦支店)'이란 글자가 한문으로 새겨져 있다. 그중 '조흥' 두 글자는 원래 '호남'이었던 것을 은행 명칭이 변경되면서 바꾸어 놓은 것이다. 여기서 특이한 점은 글자 중 浦자의 'ˋ' 1획이 누락 되어 있다는 것이다. 그 사유에는 설립자 현준호가 "일제로부터 우리가 독립하면 찍겠다"라고 말했다는 설과 "목포지점이 자리 잡고 번창하면 찍겠다"고 했다는 등의 여러 이야기가 전해오는데, 아직까지 그 1획은 빠진 그대로 남아 있다.

설립자 현준호의 삶

현준호는 전남 영암군 학산면 학계리에서 태어난 후 목포로 이주했다. 서울 휘문의숙에서 공부한 후 23살 때 일본 메이지대학 법률학과에 입학해 유학생 모임 활동을 하면서 상과 계통에 관심을 보였고, 한국인 은행의 설립을 꿈꾸었다.

1917년 귀국하여 은행 설립을 구체화하였고, 1920년 총독부로부터 허가를 받아 호남은행을 세웠다. 당시 목포·광주 일대의 대지주나 상업자본가들이 대거 참여했고, 직원은 전부 한국인으로 채워 민족자본의 기틀을 마련하는 역할을 하였다. 현준호는 현대그룹의 회장 현정은의 할아버지다.

호남은행 설립자인 현준호의 삶은 참 아이러니하다. 현준호의 부친은 영암 출신 대지주였던 현기봉이었다. 그가 사망한 후 현준호는 아버지가 맡고 있던 여러 직책들을 계승하게 되는데, 일제강점기 전남도평의회 의원, 중추원참의 등을 역임했다. 조선총독부 정책으로 호남은행이 강제 매각된 후 받은 돈이 일본군용기 헌납(8만 원) 등의 기부금으로 사용되기도 했고, 1942년 11월 임시특별지원병제를 선전하는 전라남도 지역파견자로도 선정된 바 있다. 이러한 행적 때문에 해방 후 친일성향의 인사로 지목되어 반민특위에서 조사를 받았다. 이때는 호남은행의 성격과 일본식 이름으로 바꾸지 않은 것 등이 증명이 되어 무죄로 풀려났다.

그러나 그는 한국전쟁 시기에 후퇴하던 인민군에 의해 피살당하고 말았다. 호남은행이 민족은행으로 알려져 있는데, 설립자인 현준호의 운명은 반민족행위자라는 이유로 비극적으로 끝이 났다는 사실이 씁쓸하다. 현기봉과 현준호 두 부자가 모두 친일인명사전에 등재되어 있다.

호남은행의 운영에 공이 많은 전무이사 김신석 역시 중추원참의를 지낸 경력과 태평양전쟁 지원 활동 등의 행적으로 친일인명사전에 등재되어 있다. 민족은행이었던 호남은행과 관련된 주요 인사들이 친일반민족행위자로 생을 마감하게 된 것이 못내 아쉽다.

이는 목포라는 식민지 근대도시의 모습과도 닮아있다. 목포는 근대문화가 빨리 꽃피운 문화도시이면서, 식민지 역사가 담긴 수탈의 도시이기도 하다. 목포의 역사와 문화유산을 바라볼 때는 언제나 양면성을 함께 생각하는 시선이 필요하다.

근대문화유산으로서의 가치

비록 호남은행의 설립자와 주요 인사가 친일행적을 남긴 삶을 살았다는 아쉬움이 있지만, 호남은행 건물은 당시의 시대상을 보여주는 근대문화유산으로서의 가치를 지니고 있다. 호남은행은 일본 식민자본의 이식에 맞서 설립한 은행이었다. 지역을 기반으로 한 지주 자본과 상업 자본을 산업화 자본으로 전환하는 역할을 수행했다. 민족자본으로 설립되어 자주적 근대화를 위한 노력도 엿보인다는 점에서 그 역사적 의의를 찾을 수 있다. 근대 상업도시 목포와 금융업의 발달은 뗄 수 없는 연관성이 있다. 1900년대까지만 해도 여러 근대 은행 건물이 보존되어 있었는데, 단독 은행 건물로는 현재 호남은행 건물만이 유일하게 남아 있다. 옛 호남은행 건물은 2022년부터 '목포대중음악의전당'으로 사용되고 있다. 1층은 대중음악 체험 공간, 2층은 이난영을 비롯한 목포 출신 대중음악인을 기념하는 공간으로 꾸며져 있다.

22 공생원
한일교류의 상징이 된 목포 최초 사회복지시설

공생원(共生園)은 개인이 설립한 전남지역 최초의 아동복지시설로 알려져 있다. 개항 이후 목포가 전남을 대표하는 도시로 성장하면서 주변 지역에서 목포로 모여드는 부랑아 문제는 당시 사회가 해결해야 할 중요한 과제였다. 공생원은 한국인 윤치호가 1920년대 후반 집 없는 아이들을 개인적으로 돌보기 시작하면서 출발한 목포 최초의 사회복지시설이다.

현재 공생원은 신안비치호텔 바로 뒤편에 자리하고 있으니 한 번쯤 방문하여 오갈 데 없는 아이들과 평생을 함께 살아간 윤치호, 윤학자 부부의 삶을 더듬어보는 것도 좋을 것이다.

공생원을 세운 윤치호

설립자인 윤치호는 1909년 6월 13일, 전남 함평군 대동면 상
옥리 옥동부락에서 부친 윤영대와 모친 권채순 사이의 장남
으로 태어났다. 파평 윤씨 종손으로 태어났지만, 그의 집안
은 소작으로 생계를 겨우 유지하는 빈농이었다. 집안 형편상
어린 시절 학교에 다니지 못했고, 14살이 되던 해 부친이 과
로로 사망하자, 소년 가장이 되어 가족들의 생계를 책임져야
하는 상황이었다.

하루하루 힘들게 살아가던 윤치호에게 새로운 희망을 준
것은 미국인 선교사와의 만남이었다. 그는 1924년 함평에
있는 옥동 예배당에서 미국인 여선교사 줄리아 마틴(Jullia
Matrin)을 만나 조수 역할을 하기 시작하였고, 마틴 선교사의
도움으로 서울의 피어선 성경학원에 입학할 수 있었다.

3년 후 윤치호는 전남 최초의 교회인 목포 양동교회에서
전도사로 활동하게 된다. 이 과정에서 오갈 데 없는 아이들을
돌보는 일을 사명으로 생각하고, 공생원을 설립하기에 이르렀
다. 양동교회와 몇몇 인사들의 도움으로 목포부 호남동 18번
지에 '같이 살아가는 집'이라는 의미로 공생원을 설립하였다.

공생원은 주민들과의 마찰로 여러 차례 이곳저곳을 옮겨

다녀야 했는데, 대성동─무안군 삼향면 임성리─용당동 등을
거쳐서, 1930년 4월에 대반동에 80평 규모의 목조 원사를 신
축하여 이전하였다.

1932년 12월 15일에 정식으로 목포 공생원 설립인가를
받았고, 이후 1937년 4월 유달산 아래 목포 앞바다가 내려다
보이는 현 위치에 2,000평의 부지를 확보하여 원사를 신설
하였다.

목포 고아의 어머니 윤학자

윤치호는 1938년 일본인 윤학자(다우치 치즈코)를 평생 함께할
동반자로 맞았다. 이때는 공생원 설립 10주년이 되는 해였
다. 당시 윤학자 여사는 목포에 있는 일본인 교회를 다니던
기독교 신자였다. 이 때문에 일본인이었지만 목포의 선교사
들이 세운 정명여학교의 음악 교사로 근무하고 있었다.

윤치호와의 만남은 그녀가 공생원에 자원봉사를 하게 되
면서부터다. 윤치호는 공생원 아이들에게도 일본어와 정서
교육을 위한 음악 교사가 필요하다고 생각하여 교회에 자원
봉사자를 요청했는데, 이때 윤학자 여사가 와서 공생원에서
아이들을 지도하였다고 한다.

윤학자와 윤치호의 결혼 기념 사진 공생원의 두 주역인 윤학자와 윤치호는 1938년 10월 15일 목포공회당(현 상공회의소)에서 결혼하였다.

이 인연을 시작으로 두 사람 사이에 사랑이 싹텄고, 주변의 반대에도 불구하고 결혼까지 하였다. 이후 한 남자는 거지 대장으로, 한 여인은 고아의 어머니로서의 사명을 다하게 된다.

한국전쟁기의 수난사

한국사의 최대 비극인 6·25전쟁 시기는 공생원을 운영하던 윤치호와 윤학자 부부에게도 시련의 시간이었다. 1950년 한국전쟁이 발발한 후 북한군이 목포에 진입했는데, 당시 인민군들은 윤치호 선생이 이승만 정권하에서 구장(區長)을 한 경

력이 있다는 점과 부인이 일본인이라는 이유를 들어 인민재
판에 회부했다. 다행히 평소 윤치호와 윤학자 부부의 헌신적
인 활동을 잘 아는 마을 사람들이 적극적으로 변호하여 무죄
로 풀려날 수 있었다. 북한군은 대신 인민들에게 봉사한다는
조건으로 윤치호 원장에게 대반동 인민위원장직을 맡게 하였
고, 공생원에 대반동 인민위원회 사무실을 설치하였다.

그런데 이후 한국전쟁의 상황이 역전되고 국군의 수복이
이루어지면서 이번에는 국군으로부터 고초를 당하는 상황이
발생했다. 목포에서 인민군이 후퇴한 후 윤치호 원장은 국군
특무대에 의해 인민군을 도왔다는 이유로 스파이 용의자로
체포되는 비운을 겪었다. 이때도 주변 인사들의 구명운동으
로 석방되었다.

비극은 이것으로 끝나지 않았다. 1951년 1월에 석방되어
나온 윤치호 원장은 전남도청으로 식량 구호 요청을 하기 위
해 광주에 갔다가 행방불명이 되어 소식이 끊겨버렸다. 이때
나이가 42세에 불과했다. 그 후 공생원은 부인 윤학자 여사
를 중심으로 운영되었다. 남편까지 실종된 상태였지만, 윤학
자 여사는 남편의 유지를 받들어 끝까지 공생원을 지키며 아
이들을 돌봤다.

목포시민의 상을 받은 일본인

한국인도 하기 힘든 일을 평생 해온 윤학자 여사를 이 지역 사람들은 '목포 고아들의 어머니'라 칭송했다. 그가 1968년에 56세의 나이로 세상을 떠났을 때 목포에서는 '목포시민장'으로 영결식이 치러졌다. 당시 신문 기사에는 '목포가 흐느껴 울었다'고 표현되어 있어 그에 대한 지역민의 존경과 애정을 엿볼 수 있다.

목포시에서는 1965년에 윤학자 여사에게 '목포시민의상'을 수여했다. 1963년에 목포시민의상 제도가 시작된 후 이 상은 주로 문화예술인에게 주어졌는데, 공로 분야로 상을 받은 것은 윤학자 여사가 처음이었다.

공생원 사랑의 샘 공생원 앞마당에는 오랜 역사를 상징하는 각종 기념비가 세워져 있다. 윤치호 선생과 윤학자 여사의 흉상이 조각된 '사랑의 샘'이라는 기념비도 그중 하나다.

이외에도 윤학자 여사는 1963년에 문화훈장 국민장을 받았고, 1967년에는 일본 정부로부터 훈장을 받기도 했다. 목포는 일제강점기 수탈항으로 일본의 지배와 경제 침탈의 상처가 많은 곳이다. 갈등과 차별의 역사 속에서도 윤치호와 윤학자는 민족을 초월하여 함께 공생원을 운영하며, 사랑의 정신으로 진정한 사회복지의 선구자적인 삶을 살았다. 그러한 의미에서 공생원은 한일 민간교류의 상징적인 존재이다.

공생원과 관련된 이야기는 영화로도 만들어졌다. 1995년에 김수용 감독이 '사랑의 묵시록'이라는 영화를 일본의 지원을 받아서 한일합작영화 형태로 제작했다. 이 영화는 일본에서는 1995년에 300여 개의 극장에서 개봉되어 관객 300만 명을 동원하여 큰 관심을 끌었고, 일본 후생성 아동복지문화 대상(1995), 일본 가톨릭 영화상(1996), 일본 영화 비평가 대상(1997) 등을 받았다.

현재 공생원에는 일제강점기에 지어진 당시 건물이 남아 있고, 건물 내부 역사관에는 공생원 초창기 시절부터 현재까지의 내력을 한눈에 살필 수 있는 사진 자료들이 전시되어 있다. 더불어 공생원은 'UN 세계 고아의 날'을 제정하기 위해 노력하고 있다. 그 희망이 반드시 이루어졌으면 좋겠다.

23 보광사 미륵불

유달산 바위에 새긴 불상과 그 아래 신비의 샘

보광사는 유달산 동쪽 기슭의 달성공원 안에 자리하고 있다. 일등봉을 배후로 하고 유달산의 중턱에서 목포 원도심을 바라보는 위치다. 1930년에 발간된 『목포부사』에 따르면 보광사는 1928년 10월 30일 박운계(朴雲溪) 스님에 의해 창건된 사찰이다.

규모가 작은 사찰이지만, 보광사에는 목포사람들에게 사랑받아온 두 가지 보물이 있다. 하나는 유달산 바위를 깎아 만든 미륵불이고, 또 하나는 미륵불 아래에 자연적으로 조성된 신비의 '짓샘'이다. 특히 신비한 '짓샘'에 얽힌 사연이 사람들의 흥미를 끌면서 최근 들어 각종 방송에 보광사가 소개되고 있다.

유달산 바위에 새긴 미륵불

보광사의 핵심인 미륵불은 법당 안에 석조 원각불 형태의 주
존으로 봉안되어 있다. 유달산에 있는 자연 그대로의 바위
줄기에 불상을 새겨 조성한 것이 특징이다. 이 불상이 만들
어진 내력이 흥미롭다.

보광사 미륵불은 금용 일섭(金蓉 日燮)에 의해 1949년에 제
작되었다. 금용 일섭은 근현대 불교미술의 상징적 인물로 불
화, 개금, 단청, 조각 등의 분야에 뛰어난 대가였다. 전국의
사찰에 수많은 작품을 남겨 근대 불교미술을 중흥했고, 국가
무형문화재 제48호로 지정된 바 있다.

금용 일섭은 자신이 불사에 참여했던 작업 내용을 일기
형식의 『연보』로 남겼다. 이 연보의 1949년 부분에 유달산
보광사 석불에 대한 다음과 같은 기록이 남아 있다.

"4월부터 5월 중 전남 목포 죽동 보광사의 돌로 6척 높이의 미륵
좌상을 만들다. 주지는 만성스님이고 화주는 차보살이며 석공은
2인이다."

기록은 보광사 석불의 조성 시기와 명칭에 대한 명확한

보광사 석조 미륵불 이 불상은 외부에서 만들어서 법당에 안치한 것이 아니라 유달산의 바위 줄기에 불상을 새긴 것이라 법당과 미륵불의 건축 순서와 방법 등에 의문을 품게 만든다.

자료가 되어준다. 그동안 구전으로는 일제강점기에 석불이 만들어졌다고 알려져 왔는데, 이는 와전된 것이었다. 목포 사람들은 이 불상을 '미륵불'이라고 불러왔다. 금용 일섭의 작업일지에도 '미륵좌상'이라고 기록되어 있다.

법당 건축의 미스터리

보광사의 법당은 사찰건물인데도 목조가 아닌 석조로 지어 진 것이 특징이다. 이런 형태의 건물은 일제강점기 때 주로 만들어졌다. 보광사 법당 건물은 건축물대장에 1935년 9월 1일로 등록되어 있다. 보광사가 창건된 1928년 무렵에 지어졌고, 일제강점기에 일괄적으로 건축물대장이 정비되면서 1935년에 등록된 것으로 추정된다.

이 법당 건물과 관련해서 오랫동안 미륵불을 먼저 조성한 후에, 그 위로 건물을 세운 것으로 알려져 왔다. 그런데 최근 현 석조 미륵불의 조성 시기가 광복 후인 1949년이라는 것이 정확하게 확인되면서 법당 건물과의 관계에 의문이 생겼다. 보광사 석조 미륵불은 유달산의 바위를 그대로 활용한 것이다. 외부에서 만들어서 법당 안에 안치한 것이 아니라는 점이 특징이다.

이러한 흐름을 종합해보면 보광사는 유달산의 어떤 바위를 신앙의 대상으로 모시는 형태에서 출발하여, 그 신체 위에 법당 건물을 지었고, 해방 이후 그 바위를 그대로 활용하여 지금과 같은 석조 미륵불을 완성한 것이다. 이렇게 이해하지 않으면 보광사 건물과 미륵불의 전후 관계를 설명하기 어렵다.

보광사 미륵불의 원형은 경남 밀양 만어사의 미륵불과 유사한 형태였을 것이다. 만어사 미륵전 건물 안에는 거북이가 머리를 들고 있는 형태의 큰 바위가 있는데, 이 바위를 미륵암으로 모시고 있다. 보광사 역시 인상적인 형태이면서 민간 신앙이 서린 바위 위에 법당을 짓고 사찰의 형태를 유지해왔는데, 광복 이후 신도들이 금용 일섭에게 의뢰하여 형태를 갖춘 미륵불로 변하게 된 흐름으로 이해된다.

1897년 목포 개항 이후 유달산에 일본인의 불교와 신사 시설들이 곳곳에 세워졌다. 유달산에 많은 상처가 생긴 것이다. 특히 1928년 유달산 등산로가 개통된 이후에는 일등봉 아래 일본인들이 가장 숭상하는 승려인 홍법대사와 그 수호신으로 알려진 부동명왕상이 만들어졌다.

보광사의 미륵불은 유달산이 훼손되고 상처받던 시기 그에 대응하는 민간 신앙의 대상이었다. 식민지 시기에 미륵불은 목포사람들의 수호신이자 기댈 곳이 되었을 것이다. 그 형태는 변했지만, 해방 후에도 '미륵불'이라는 이름이 전승되었다는 측면에서 더 의미가 있다. 근대 목포사람들의 민간 신앙이 불교 유적으로 변모해간 근대문화유산이라는 시각에서 볼 때 더 소중하다.

보광사의 신비, 짓샘

보광사에 모셔진 최초의 바위는 유달산을 오르내리는 목포 사람들의 민간 신앙의 대상이었을 것이다. 그와 연관하여 더

욱 주목되는 것이 법당 내에 있는 '짓샘'이다. 보광사 법당 내 석조 미륵상좌상 밑에는 산에서 흘러나오는 자연 샘이 있는데, 이 샘을 지역민들은 '짓샘'이라고 불렀다.

당시 유달산 근처에 살던 주민들은 산고가 들면 이 짓샘에서 물을 길어다 미역국을 끓여 산모에게 먹였고, 또 산모의 젖이 부족하면 옹기 두 개에 끈을 매어 짓샘에 띄워서 젖이 많이 나오게 해달라고 빌었다.

짓샘에 올렸던 축원문의 내용은 다음과 같이 전해온다.

"해동 조선 전라도 목포 ○○동 모씨의 남녀 산신님께서 굽어살피사 젖을 태워주시고 수명 장수하게 하시고 두루두루 살피시어 많은 복을 내려주소서"

물을 뜨는 사람은 이러한 주문을 십여 차례 반복하여 외며 절을 올린 후 물을 길었다고 하는데, 축원문 내에 '산신'이라는 용어가 나오는 것을 보면 이 일대가 민간 신앙의 공간에서 사찰로 발전한 것이라는 추정이 가능해진다.

짓샘은 지금도 물로 가득 차 있다. 보광사 관계자 분들에게 짓샘을 구경하고 싶다고 말하면 시음까지 할 수 있도록 친절하게 안내를 해준다. 짓샘이 최근 방송에 많이 소개되면서 이 신비의 샘물을 맛보기 위해 멀리서 찾아오는 사람들이 많아지고 있다.

24 만인계 터
복권의 원조, 만인계가 열리던 곳

목포 사람들이 죽동 육거리라 부르는 지역에는 '만인계 터'라는 독특한 지명이 남아 있다. 청소년들의 문화 행사가 주로 열리는 원도심 로데오광장에서 유달산 쪽 도로로 들어가면 죽동 육거리와 연결된다. 죽동 육거리의 중심 교차점이 만인계 터다.

이곳의 현재 주소명은 '마인계터로'이다. 마인계는 '만인계(萬人契)'를 구전되어온 발음대로 표현한 것으로 사람들에게 계표(통표)를 판매한 후 추첨을 통해 순위에 따라 배당금을 나눠주는 일종의 복권계다. 일확천금을 노리는 사행성의 공간이었다고 생각할 수도 있지만, 개항 이후 목포의 상황을 보여주는 의미 있는 공간이다.

로또복권의 원조, 만인계

만인계는 1899~1904년 사이에 전국적으로 분포했다. 중앙
정부에서는 사행성을 문제 삼아 만인계를 금지하고 단속하
였지만, 지방도시 차원에서는 공공성을 명분으로 허가하였
다. 특히 목포와 같은 개항장에 집중되었다. 도로 건설, 공공
시설 조성 등에 필요한 사업비를 마련한다는 명목이었다.

만인계 운영에 필요한 조직 구성은 대표자인 계주, 계표
를 판매하거나 계원을 모집하는 통수, 계표를 산 계원 등이
다. 지역마다 복권의 가격은 조금씩 달랐다. 1901년 부산항
만인계 기록에 따르면 계표 한 장에 5냥이었는데, 1위에 당
첨되는 경우 3,000냥을 배당금으로 받았다. 목포의 경우는
5냥이었다는 기록과 1냥이었다는 기록이 있다. 5냥에 사서
3,000냥을 받으면 무려 600배이니 로또복권의 원조라고 해
도 과언이 아니다.

만인에게 복을 주는 동네, 만복동

목포 원로들은 "만인계가 개최된 장소는 목포극장에서 만복
동 고개 쪽으로 가다가 우측 구 법원관사 쪽으로 넘어가는
고개의 들판이었다"고 전해왔다. 만인계 복권 추첨이 열렸

던 이 언덕 일대를 목포 사람들은 '만복동'이라 불렀다. 1911년에 발행된 목포 지도에도 이 일대가 만복동으로 표기되어 있다. 공식적인 행정 지명은 아니었는데, 지도에까지 등장한 것이 흥미롭다. 만복동은 만인계에서 복권 추첨을 하던 동네라는 의미로 풀이된다. 이곳을 찾는 사람들에게 복을 주는 동네라는 뜻으로 받아들이면 좋겠다.

만인계 추첨 당일에는 복권 당첨에 대한 희망을 품고 운집한 군중들로 주변의 여관, 음식점, 가게들이 호황을 이루었다. 이날의 분위기는 한마디로 마을 축제와 같은 느낌이었을 것이다.

복권 추첨기 옛 복권 추첨기의 모양을 복원하여 만든 조형물로 만인계 공원에 설치되어 있다.

만인계의 공익성

만인계에는 단순한 사행성 복권의 의미를 넘어 도시 건설의 꿈이 담겨 있다. 만인계에 대한 몇 가지 기록이 남아 있는데, 첫 번째는 목포에서 객주가 만인계를 개설한 사례다. 〈제국신문〉 1900년 10월 24일 기사에 '1900년 전라도 무안항(목포항)에서 박창규, 진서윤 두 사람이 계표를 장당 엽전 5냥씩 판매하여 추첨하는 날 1,300냥을 도로 수리비에 충당한다고 만인계를 설치했다'는 내용이 등장한다.

박창규와 진서윤은 목포항에서 객주로 활동하던 인물이다. 특히 박창규는 1900년 당시 목포객주회 회장을 맡고 있었다. 객주회는 이후 '사상회사(士商會社)'라는 이름으로 활동했던 한국인 상업단체다. 당시 객주들은 일본인의 상권침탈에 맞서고 개항 초기 목포의 교육 문제 등에 기여하는 바가 컸다.

박창규는 무안항공립소학교가 1907년 공립보통학교(현 북교초등학교)로 인가된 후 학교 발전을 위해 많은 자금을 출원했다. 〈황성신문〉 1907년 4월 10일 기사에는 '2,706량을 해항객주회 박창규 씨가 교육의 급무를 찬성하기 위해 자담 지출하기로 자원하였다'는 내용이 남아 있다. 박창규가 출원한 보통학교 개교 자금은 만인계의 수입에서 나온 것으로 추정된다.

1930년에 목포부에서 발간한 『목포부사』에는 현재 목포 시장에 해당하는 무안감리가 만인계를 허가했다는 기록도 남아 있다. '감리는 시장의 번영을 꾀하여 일정한 시기를 정하여 군청의 위쪽 광장에 특별히 장을 열어 만인계를 허가하였다'는 설명이 있다. 개항 이후 남교동 지역 시장의 활성화를 위해 허가했다는 내용을 통해 만인계 개설에 공익을 위한 목적성이 분명히 존재했음을 알 수 있다.

같은 책에는 '이 일은 풍속의 교화에 해롭다 하여 얼마 지나지 않아 폐지되었으나 이 때문에 목포거류지의 외접지역 (한국인 거주지) 번성에 적지 않게 이바지하였을 것이다'는 평가도 함께 담겨 있다.

개항 이후 목포의 도시화 과정, 특히 한국인 마을을 발전시키는 데 있어서 만인계가 상당히 기여한 바가 있었다는 점을 일본인들도 인정하고 있다. 일본인들이 거주했던 개항장 일대에 근대적 시설이 집중된 반면 한국인들이 사는 지역은 기반시설을 구축할 방법이 없었다. 그런 면에서 만인계의 수익금이 근대 목포의 한국인 마을 건설에 이바지했다는 것은 근대도시발달사에서 시사하는 바가 크다. 또한 요즘 유행하는 도시재생이라는 측면에서도 만인계에 담긴 공익성의 의미를 되새겨볼 필요가 있다.

흥미로운 점은 만인계가 운영된 곳이 목포 외에도 많은데, 왜 유독 목포에만 '만인계 터'라는 지명이 남아 있을까 하는 것이다. 현재 '만인계'를 공식 지명(도로명)으로 사용하고 있는 곳은 전국에서 목포가 유일하다. 그만큼 목포사람들에게 만인계가 특별했던 모양이다. 꿈을 찾아 개항장 목포를 찾아온 사람들에게 '만인계'는 새로운 희망이었을 것이다.

목포 만인계의 부활

목포시민들은 만인계에 담긴 역사성과 사회적 가치를 모티브로 하여, 공익성을 목적으로 하는 만인계 재생운동을 시작했다. 2014년부터 시작된 목원동 도시재생사업 과정에서 주민들의 공동체 정신을 함양하는 새로운 형태의 만인계 창조가 필요하다는 논의가 있었다. 그 과정에서 옛 만인계 터에 주민들을 위한 문화센터가 조성되고 건물 이름이 '만인계 웰컴센터'로 명명되었다. 만인계 웰컴센터에는 만인계 복권 추첨기를 재현해 놓은 소공원도 만들어졌다.

현재 지역 주민들과 청년활동가들은 만인계 마을기업을 만들어 마을공동체사업을 추진하고 있다. 만인계 마을기업은 만인계 웰컴센터 내에 공동체가 운영하는 '만인살롱'을 설치하고, 1900년대 유행했던 만인계 놀이문화를 계승 발전시켜 나가고 있다.

만인계 웰컴센터 벽면에는 목포시 곳곳에 남아 있는 대표적인 근대 건축물이 수채화로 표현되어 있다. 이 벽면만 잘 살펴봐도 목포에 어떤 근대문화유산들이 있는지 한눈에 알 수 있다.

마을 축제로 부활한 만인계 매월 마지막 주 토요일 오후에 만인계 복권추첨 행사를 하고, 공연, 벼룩시장, 문화체험 등을 곁들여 지역민들이 함께 가꾸어나가는 작지만 소중한 문화 축제를 지속하고 있다.

만인계 웰컴센터 주차장에는 은행나무 두 그루와 우물이 보존되어 있다. 나무와 우물을 보존할 경우 주차 가능한 면수가 줄어든다고 반대하는 지역 상인들의 목소리도 있었다. 그러나 주차장 조성을 위해 사라지는 옛 주택들과 마을 역사를 기억한다는 의미를 강조하여 최종적으로 철거 위기를 면할 수 있었다.

현재 은행나무 주변에는 작은 벤치가 설치되어 주민들과 나그네의 쉼터가 되고 있으며, 우물은 체험장으로 사용된다. 전국적으로 도시재생이 화두인 현시점에서 만인계 활동은 상징하는 바가 크다. 과거 향토 역사에 담긴 공익성을 부활시켜 주민들과 청년활동가들이 현대적으로 활용하는 노력을 하고 있는데, 이러한 사례가 오늘날 도시재생사업에 필요한 모범 답안이 될지도 모르겠다.

- **노라노 미술관** : '노라노패션양재학원'으로 사용되다가 폐업 후 방치된 빈 건물을 동네 주민들과 지역 예술인들이 힘을 합쳐 2015년에 미술관으로 재생시킨 공간이다.
- **남농화실** : 이곳은 진도 출신 남종화의 대가 남농 허건이 목포로 이주한 이후 30년 이상 작품 활동을 했던 곳이다. 남농을 만나기 위해 찾아오는 사람들의 발걸음이 끊이지 않았던 명소였으나 현재는 빈터만 남아 있다.
- **안저자거리** : 노라노 미술관 초입에서 노적봉길로 연결되는 골목길은 '안 저자거리'라 불렸던 곳이다. 개항 이후 이 골목에 임시 시장이 형성되었 는데, 길 양쪽으로 저잣거리가 있어서 안저자라는 말이 생겼다. 1905년 도에는 이곳에 목포 최초의 유곽(遊廓: 공인매음지역)이 형성되기도 했는 데, 이후 1913년 현 금화동 일대(현 연희네슈퍼 앞 거리)로 옮겨졌다. 지금도 유곽 형태의 옛 일본식 건물과 70년대 상가 골목 풍경이 남아 있다.

25 양동교회
근대문화 1번지가 된 최초의 교회

목포 원도심에는 '양동'이라는 지명이 있다. 흔히 따뜻한 햇볕이 비치는 지역이라는 의미와 서양인들이 모여 살았던 동네라는 두 가지 유래가 전해진다. 문화적으로 주목되는 것은 후자와 관련된 이야기다. 1897년 목포가 개항되면서 선교사들이 전남의 선교 본부로 선택한 곳이 목포였고, 지금의 양동에 터를 잡고 활동하였다.

양동은 전남 근대문화 1번지에 해당하는 곳이다. 목포는 지리적 특성상 내륙과 도서 지역을 오가면서 선교 활동을 하기에 유리한 위치였다. 그러한 배경 하에 목포는 전남 선교의 거점이 되었고, 그 중심이 된 곳이 바로 전남 최초의 교회인 양동교회였다.

서남권 선교의 거점

목포와 서양인 선교사가 처음 인연을 맺은 것은 1894년이었다. 4월 18일 수요일 오후 1시에 선교사 윌리암 데이비스 레이놀스(William Davis Reynolds, 이눌서)가 목포 지역을 여행하면서 선교 가능성을 타진했다. 레이놀즈는 이후 1902년에 다시 목포를 찾아 선교 활동을 하게 된다.

목포에서의 본격적인 선교 활동은 1897년 10월 개항과 함께 시작되었다. 원래는 전남의 대표도시인 나주를 선교 근거지로 삼으려고 노력했으나, 나주는 뿌리 깊은 향촌 세력이 강해서 외래 종교가 들어가는 것이 쉽지 않았다. 반면 목포가 개항과 함께 전남의 중심 도시로 발전할 가능성이 높다고 판단하여 목포를 서남권 선교의 거점으로 선택하였다.

교회가 시작된 시기와 관련해서 일본인들이 1930년에 발간한 『목포부사』에는 1897년 봄에 선교 활동을 시작했다고 기록되어 있다. 그동안 이 기록을 근거로 교회 설립일을 1897년 3월로 삼았는데, 이때는 양동교회를 설립한 유진 벨(Eugene Bell, 배유지) 선교사가 목포에 도착하기 전이었다.

유진 벨이 목포에 정착한 것은 1897년 11월 27일이었다. 따라서 최초의 예배는 1897년 겨울에 이루어졌을 것이다.

양동교회 전경 전면부 구조가 일부 변형되었지만 전체적으로 건물의 원형이 잘 남아 있고, 건물에 담긴 역사적 가치가 커 2004년에 문화재청 등록문화재 제114호로 등록되었다.

그 후 실질적으로 교회의 형태를 갖춰서 예배를 시작한 것은 1898년부터일 것으로 추정된다. 목포 선교 책임을 맡은 유진 벨의 1898년 5월의 편지에 다음과 같은 기록이 남아 있다.

저희집이 완성되면 이 집은 하나의 예배실로 변할 것입니다. 침실은 남자들이, 식당은 여자들이 들어갈 공간이 될 것입니다. 오늘 아침 많은 여자를 포함해 큰 회중이 모여 저는 대단히 고무되었습니다.

목포 교회사를 연구하는 김양호 목사는 이 기록을 근거로 1898년이 목포 최초의 교회가 설립된 해로 보고 있다. 유진벨은 목포에 선교본부를 만들고 전남 지역에 교회 전파를 하기 위해 많은 노력을 하였다. 그후 신도 수가 늘어나 1900년 가을에 한식 기와집 한 채와 14평 남짓한 교회당을 신축했다.

전남 선교의 개척자 유진 벨

목포는 전남 개신교의 개척지이자, 선교사들을 통해 근대 문물이 가장 먼저 전파된 근대도시이다. 그 이면에는 유진 벨 선교사의 활동과 노력이 있었다.

미국인 선교사 유진 벨은 한국인들에게 더 친숙하게 다가서기 위해 한국식 이름 '배유지'를 사용했다. 그는 미국 켄터키주에서 태어나 신학대를 졸업한 후, 1895년 봄 28세의 나이로 한국에 입국하였다.

그는 목포와 광주 등에서 선교부를 창설하여 선교 활동에 힘썼다. 목포에서 양동교회, 정명여학교, 영흥학교를 설립했으며, 광주에서는 북문안교회, 수피아여학교, 숭일학교를 설립하였다. 1925년 9월 28일 광주에서 세상을 떠나 양림동에 묻혔는데, 그 후손들이 유진 벨의 뜻을 이어 지금도 한국에서 활동하고 있다.

유진 벨 선교사는 1895년 한국에 도착해서 1925년 광주에서 생을 마감할 때까지 약 30여 년간 한국에서 선교 활동을 했다. 그동안 두 명의 아내가 한국에서 세상을 떠났고, 어린 아들이 죽는 어려움을 겪기도 했는데, 좌절하지 않고 선교와 봉사 정신으로 일생을 살았다. 종교적인 활동뿐만 아니라 한국 특히 목포, 광주, 순천 등에서 교육과 의료사업을 통해 근대화를 앞당기는 데도 많은 기여를 한 인물이다.

건물에 새겨진 대한제국의 마지막 연호

현재 양동 127번지의 언덕 위에 자리하고 있는 양동교회 건물은 계속해서 늘어나는 신도를 수용하기 위해서 1910년에 짓기 시작하여 이듬해인 1911년에 완성한 것이다.

지금 남아 있는 건물의 양쪽 출입구 상단부에는 건립 시기를 알 수 있는 글이 새겨져 있다. 좌측면에는 '대한융희사년(大韓隆熙四年)'이라 새겨져 있다. '융희4년'은 1910년을 의미한다. 선교사들이 세운 교회 건물에 우리나라 황제의 연호가 들어가 있는 것은 당시 새로운 종교였던 교회가 민족의식과 결합해 성장했다는 의미로 해석할 수 있다. 대한제국의 마지막 흔적이 목포 최초의 교회였던 양동교회 외벽에 새겨져 있는 것이다.

또 이색적인 것은 '대한융희사년' 글씨와 함께 가운데에 태극문양이 돌출 조각되어 있는 것이다. 쇠락하는 조국의 마지막 시기에 세워진 교회 건물에 태극문양이 남겨져 있는 사례는 매우 이례적인 것이다. 반대 면에는 한글로 '쥬강생일 천구백십년'이라고 건립 시기가 명확하게 새겨져 있다.

현 양동교회 건물의 원래 구조는 장방형의 단순한 단층 석조였다. 건물을 처음 세웠을 당시에는 남성과 여성의 출입

양동교회에 적힌 마지막 연호와 태극 문양 융희는 대한제국 마지막 황제인 순종이 사용한 연호다. '대한융희사년' 이후 일제의 식민지가 되었기 때문에 우리 역사 마지막 연호라 할 수 있다.

구가 따로 구분되어 있었다. 그래서 출입구마다 각각 이 건물의 건축 연도를 다른 방식으로 표기해 놓았다.

옛 사진으로 남아 있는 양동교회의 원래 건물 모습은 한옥 지붕에 석조로 된 벽의 형태였다. 현재의 모습으로 구조가 변경된 것은 1982년이다. 정면 중앙부에 5m 정도 돌출시킨 4층 구조의 파사드(전면 출입구 부분)를 추가로 설치하여, 지금의 형태가 되었다. 변형된 구조로 인해 건물의 형태는 더 세련되어 보이고, 마치 유럽의 성당 느낌이 나기도 한다. 하지만 석조 한옥의 느낌이 살아 있던 건물의 원형이 그대로 유지되었으면 더 좋았겠다는 생각이 든다.

선교 활동을 통한 근대문화의 보급

선교사들은 전남지역 교회 전파를 위해서 양동에 거처를 마련하고 본격적인 선교 활동을 시작하였다. 목포는 개항 이후 타지방에서 모여든 사람들로 북적이는 신흥도시였기 때문에 텃세나 보수성이 약했고, 무역항으로서 외국인에 대한 거부반응도 비교적 적었다. 그러나 종교는 오랜 전통이 쌓여 형성되는 것이라 외래에서 유입된 새 종교를 쉽게 받아들이기는 어려웠다.

그래서 대중들과 친숙해지기 위한 가장 유용한 선교의 방법이 의료와 교육을 통한 활동이다. 선교사들의 의료나 교육 활동은 목포의 근대문화 형성에 많은 도움을 주었다. 때문에, 양동교회는 종교적인 면뿐만 아니라 목포의 근대문화 발달에도 기여한 바가 컸다.

1898년에 11월 6일 의료선교사 클레멘트 캐링턴 오웬(Clement Carrington Owen, 오기원)이 목포에 부임하면서부터 서양식 의료 활동이 이루어졌다. 한국인 환자들을 돌봐주면서 선교를 하는 이른바 의료선교였다.

오웬은 1899년 7월 공식적으로 목포진료소를 열었다. 목
포진료소를 찾아오는 환자는 계속 늘어났다. 이후 미국인 의
학박사 윌리 해밀톤 포사이드(Wiley Hamilton Forsythe, 보위
렴) 선교사가 1909년 미국 미주리 주의 찰스 프렌치(Charles
W. French)의 기부를 받아 진료소를 확대하고, 부란취병원
(French Memorial Hospital, 富蘭翆病院)을 개설하였다. 부란취
병원은 1914년에 한 차례 화재를 겪고, 1916년에 다시 2층
석조 양식의 병원 건물을 지었다.

일제강점기 시절 목포부에서 운영하는 부립병원이 별도
로 있었다. 이 병원은 일본인들이 주로 거주하는 구 개항장
지역(동양척식회사 옆)에 설치되었고, 일본인 의사들이 진료했
다. 그에 반해 부란취병원은 한국인들 진료가 주요 목적으로
매년 7~8,000명의 환자를 진료했다.

일본인들도 부란취병원에 대해서는 『목포부사』에 "당시
의료기관이 빈약하던 시대에 한국인 취락의 중앙에 웅장한
건물에 신 시설을 하여, 오늘날까지 보건위생에 소임을 다해
그간의 공적은 숨길 수 없는 사실이다"라고 평가했다.

교육 분야를 살펴 보면 1903년 미션스쿨이라고 할 수 있
는 영흥학교와 정명여학교가 설립되었다. 당시 근대적인 교

육기관이 부족했던 목포에서 이 두 학교가 기여하는 바가 매우 컸다. 특히 정명여학교의 경우는 전남지역 최초의 여성 교육기관이라는 의미를 지니고 있다.

또한 선교사들에 의해 설립된 이 학교들은 교육이나 사상 면에서 비교적 자유로울 수 있었다. 그 결과 목포의 3·1운동에 해당하는 1919년 4·8독립만세운동에 이 학교의 학생들이 적극적으로 참여하였다. 이후에도 목포의 항일운동에 이 두 학교 출신들이 앞장섰다.

양동교회 마당 한쪽에는 1987년 10월에 건립한 '목포에 복음의 씨가 뿌려진 맨 처음 터'라는 기념비가 있어 그 역사성을 기념하고 있다. 교회에는 역사관이 별도로 마련되어 있다.

근대문화의 유입과 발전이라는 측면에서 양동은 전남 근대문화의 1번지라고 할 수 있고, 그 중심은 양동교회였다. 그런데 아쉽게도 목포 역사유적지 개발이나 도시재생사업에서 양동 지역은 소외되어 있고, 그 중요한 유적지를 찾는 탐방객들도 많지 않다. 대한민국 선교의 역사와 함께 근대문화가 출발한 양동이 재조명되기를 기대한다.

······ 더 보기 : 양동교회 주변 둘러보기 ······

- **박승희 열사 흉상** : 양동교회에서 정명여학교 후문 방향으로 올라가는 언덕길(만세로) 중간에 있다. 그는 정명여자고등학교를 졸업하고 전남대학교 식품영양학과에 입학했다. 1991년 4월 29일 전남대에서 열린 고 강경대 열사 추모 및 노태우 정권 퇴진 결의대회 중에 "노태우 정권 타도하고, 미국놈들 몰아내자"라 외치며 분신하였다. 현재 광주 북구 망월동 민족민주열사 묘역에 잠들어 있다.

- **가톨릭 목포 성지** : 목포 산정동 성당은 목포 개항과 함께 성립된 전남 최초의 성당이고, 천주교 단원의 교화와 선교를 목적으로 시작된 '레지오 마리애(Legio Mariae; The Legion of Mary)'의 한국 발상지이다. 이를 기념하기 위한 산정동 성당 일대에 기념성당(로마교황청 지정 준대성전)과 레지오 마리애 기념관·역사박물관·탐방로 등이 조성되었다. 천주교 신자들이 반드시 다녀가야 하는 성지순례 코스이다.

26 목포청년회관
근대 탐방의 필수 코스, 전남 노동운동의 성지

목포는 살아있는 근대문화유산의 박물관이라 불릴 정도로 다양한 근대 건축물들이 곳곳에 남아 있다. 특히 특정 건물이 아니라 개항기 외국인 거류지 지역의 일부 구간이 공간 중심의 등록문화재(718호)로 최초로 등록되면서 더 많은 관심을 받고 있다.

　목포로 근대문화유산 탐방을 오는 관광객도 늘고 있는데, 대부분 구 개항장 거리만 보고 가는 경향이 있어 아쉬움이 남는다. 목포에 근대문화유산 탐방을 왔다면, 그리고 근대사에 관심이 있다면 꼭 보고 가야 할 건물은 목포청년회관(등록문화재 제43호)이다. 근대라는 시기에 만들어진 목포의 진짜 보물이 바로 목포청년회관이기 때문이다.

성금으로 만든 목포 최초의 시민회관

일제하 최대 규모의 항일민족운동 단체인 신간회 목포지회, 항일여성운동단체인 근우회 목포지회 등 각종 청년단체와 노동단체들이 목포청년회관에서 창립되고 활동했다. 이곳은 대한민국 항일민족운동사와 노동운동사에서 특별한 의미를 갖는 공간이다.

목포청년회관은 북교동 참사랑 요양병원(구 신안군청) 앞 골목길에 자리하고 있다. 1919년 3·1운동이 일어나고 1920년대 들어 민족계몽운동을 표방하는 청년운동이 전국적으로 확산되었다. 목포에서도 1920년 5월 9일 목포청년회가 조직된 것을 시작으로 다양한 청년운동이 펼쳐졌다. 이 건물은 당시 목포청년운동을 주도하고 있던 목포청년회에서 건립한 것으로 1924년 4월부터 회관 건립을 위한 모금 운동을 통해 남교동 땅 100평을 대지로 사들였고, 이듬해 1925년 3월에 완공한 것이다.

1920년대 초 목포청년회는 목포의 '유지' 내지는 '중산청년층'의 모임에서 출발했다. 계몽적인 강연회를 열었고, 노동야학회를 개설하여 학생들을 가르쳤으며, 활동사진대라는 것을 조직하여 동경고학생들을 돕기 위해 전국 각지 순회를

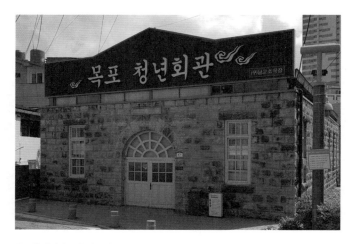

목포청년회관의 현재 모습 해방 이후 목포청년회관 건물은 엠마누엘 제일교회로 오랫동안 이용되다가 목포시에서 매입하여 현재는 소극장으로 활용하고 있다.

하였다. 거의 비슷한 시기에 목포 지역에는 기독청년회, 천도교청년회, 목포수양회, 목포여자수양회 등이 결성되어 계몽 활동을 전개하였다.

1920년 창립 당시에는 목포청년회에 김상섭, 김성규 등 지역 명망가가 전면 포진하는데, 이후 지역의 신진사업가인 문재철, 차남진 등이 활동을 주도한다. 청년회관 건축 당시 회장은 차남진이었다. 차남진이 회장을 맡으면서 숙원사업이었던 청년회관이 완성된 것이다. 목포청년회관은 최초의 목포시민회관으로 평가할 수 있다.

전라남도 노동운동의 성지

1920년대 중반에 들어서면서 기존의 청년운동에 대한 반성이 전국적으로 일어나면서 1924년 9월 사회주의적 성격의 무산청년회(無産靑年會)가 목포에도 조직되었다. 1920년대 목포청년운동의 의미는 초기에는 애국계몽 강연회 중심으로 활동을 시작했지만, 차츰 식민지 현실의 차별과 각종 사회문제 개선을 위해 공동 대응하는 양상으로 그 활동의 폭이 넓어졌다. 청년회관 건물이 만들어진 1925년이 정점이었고, 목포시민대회 발기인대회와 정명여학교 맹휴사건 해결을 위한 성토회 개최, 자은소작쟁의 대책강구 집회 등이 그러한 대표 사례였다.

목포청년회관의 또 다른 가치는 전남 노동운동의 성지와 같은 곳이라는 점이다. 목포는 1897년 개항 이후 항구도시로 발달하면서 다양한 노동자계층이 형성된 도시였다. 부두에서 하역을 하는 노동자도 많았고, 식민지 원료 공급에 필요한 가공업 공장 노동자도 많았다. 자연스럽게 목포에서는 노동자 처우 개선을 위한 노동운동이 활발해졌고, 그 배경에는 항일의식이 깔려 있었다.

항일정신과 노동운동이 결합하면서 다양한 노동조합이

결성되고 노동자들을 지원하는 활동들이 이루어졌는데, 그 거점이 목포청년회관이었다. 1925년 목포청년회관이 완성된 후 제유공노동조합, 목업노동조합, 정미노동조합, 방직공노동조합, 목공조합 등의 창립이 이곳에서 시작됐다.

일제강점기 청년회관이 만들어진 곳은 목포 외에도 많았다. 그러나 지방 도시 중 목포처럼 공장이 많고, 노동업(철도 화물, 항만 하역)이 발달한 지역은 흔치 않았다. 자연스럽게 목포는 전남 노동운동의 중심지가 되었고 청년회관이 그 사랑방 역할을 했다.

박화성의 소설 『헐어진 청년회관』

목포 민족운동의 사랑방이자 노동운동의 성지 역할을 했던 목포청년회관은 1920년대 말 위기를 맞았다. 일제의 탄압으로 청년 활동과 사회운동이 침체기를 맞고 청년회관은 주인 잃은 건물로 한동안 방치되기에 이른다. 목포 출신의 대표적인 여성 소설가 박화성 선생은 『헐어진 청년회관』이라는 단편소설을 집필하여 당시의 안타까운 상황을 묘사하기도 하였다. 박화성은 목포청년회관의 가치를 다음과 같이 표현하였다.

"이 집 속에서는 날로 때로 열리는 각종 합법단체의 삶을 요구하고 해방을 부르짖는 외침이 얼마나 힘 있게 흘러나왔든가? 각 단체 주최의 학술강연이나 사회문제 강의는 얼마나 자주 있었든가? 청년들의 공동의 집이요, 그들을 가장 옳은 길로 인도하며 가르치든 위대한 사명을 가졌던 이 집의 오늘의 헐어진 이 몰골의 비참함이여"

글에는 목포청년회관의 역할과 가치가 함축적으로 표현되어 있다. 청년운동이 침체되면서 폐건물로 방치되었을 때의 안타까운 상황도 느껴진다. 이 단편소설은 김팔봉이 주재한 종합시사잡지 〈청년조선〉 1934년 10월 창간호에 투고되었으나 검열로 삭제되고 해방 후 알려졌다.

다행히 목포사람들은 청년회관 건물을 그대로 방치하지 않고, 성금을 모아 건물을 보수하였다. 1933년 4월 퇴락해가는 목포청년회관을 수축하기 위해 관련 위원회를 조직하고, 목포극장에서 음악회를 열어 필요한 자금을 만들었다. 목포사람들의 이러한 노력으로 청년회관은 되살아났다.

청년회관에 담긴 정신사적 가치

목포청년회관의 건물 자체는 매우 단순한 구조다. 그러나 이 건물의 가치는 외형적인 면보다 역사적인 면과 목포의 정신사적인 면에서 보아야 한다. 특히 현재 등록문화재로 보존·관리되고 있는 대부분의 근대문화유산들이 일본의 식민정책을 위한 건물이라는 점을 생각하면 더욱 그렇다.

목포청년회관은 목포 사람들의 자발적인 모금 운동을 통해 건립되고 보수되어 오늘에 이르렀다는 측면에서 더 소중한 유산이다. 지금은 소극장으로 사용하고 있지만, 활용도가 그리 많지 않고 소극장으로 사용하는 것이 가장 효율적인지에 대한 비판 여론도 많다. 주변 환경을 개선하고, 보다 많은 사람들이 방문하여 목포 민족운동의 사랑방 역할을 한 목포청년회관을 체험할 수 있게 하는 개선 방안이 요구되고 있다.

······ 더 보기 : 목포청년회관 주변 둘러보기 ·············

- **무안감리서 터** : 현 참사랑요양원의 위치는 목포 개항 후 개항장 업무를 처리하기 위해 우리 정부가 설치한 무안감리서가 있던 곳이다. 무안감리서는 현 목포시청의 전신이다. 목포 최초의 행정관청이 있던 곳이고, 이후 무안군청과 신안군청도 이곳을 청사로 사용하였다는 점에서 의미가 있다. 무안군청 시절 축조된 석조 건물 1동이 남아 있다.

- **구종명비** : 초원빌라 담장에 구종명비가 남아 있다. 그는 대한제국 시절 목포 최초의 경찰서였던 무안경무서 소속 경찰로 당시 직급은 총순이었다. 개항 한국인 노동자들이 법률 지식이 없어 겪게 되는 억울함을 해소하는데 앞장선 공로로 1906년에 세운 것이다. 대한제국 시기의 미담 사례이자 목포 사회상을 보여주는 유적이다. 한편 구종명은 일제강점기 군수를 지낸 행적이 남아 있어 친일인명사전에 등재되어 있기도 하다.

27 국제서림
서점 명가의 70여 년 역사

목포는 항구도시이면서 예향의 도시다. 이에 대한 지역민들의 자부심도 매우 높다. 다양한 예술 문화 중에서도 특히 문학이 발달한 도시가 목포다. 박화성, 김우진, 차범석, 김현, 황현산, 김지하 등 한 시대를 풍미한 한국 문학의 거장들이 목포 문학계를 대표하는 문인들이다.

서점도 이러한 인물들이 목포에서 문학적 감수성을 키워나가는 데 한몫했다. 개항 후 목포가 상업도시로 성장하면서 다양한 서점들이 생겼다. 하지만 아쉽게도 그 많았던 목포의 서점들은 대를 이어오지 못하고 하나둘 사라졌다.

현재 목포를 대표하는 가장 오래된 서점은 '국제서림'이다. 목포 원도심의 중심 상가, 일명 '차 없는 거리'의 사거리 교차로에 있다. 목포 원도심이 활기가 넘치던 시절 국제서림은 만남의 장소였다. 목포의 청춘들은 약속을 정할 때 "국제서림에서 만나자"는 말을 익숙한 신호처럼 주고받았다.

목포에서 가장 오래된 책방

목포의 대표 책방인 국제서림은 담양 출신인 고 서일문 사장이 개점하였다. 서일문은 광주에서 친구와 출판사 일을 하다가, 목포로 이주하여 1950년대 초반에 국제서림의 문을 열었다. 시작할 때부터 '국제서림'이라는 이름을 사용하였다. '서점'보다 '서림'이라는 이름이 마음에 들어 창업부터 지금까지 줄곧 사용해왔다고 한다.

서점은 목포극장 앞, 남교시장 안 등 몇 군데를 옮겨 다니다가 1972년에 현재의 자리에 정착했다. 지금은 아들인 서형곤 사장이 1997년부터 대를 이어 운영하고 있다. 목포 원도심에서만 70여 년, 현재의 위치에서 48년 동안 서점을 운영하고 있으니, 가히 목포의 서점 명가라고 할 수 있다.

국제서림은 목포 원도심 황금시대의 상징이었다. 1990년대 후반까지만 해도 이 일대는 목포의 명동이라 불릴 정도로 늘 많은 인파로 활기가 넘쳤다. 주변에 인우서점, 평화서점

원래 위치로 돌아온 국제서림 모든 목포 사람들의 만남의 장소였던 국제서림은 목포사람들에게 책을 사는 서점 이상의 의미가 있다.

등이 목포 '차 없는 거리'의 대표 서점으로 함께 운영되고 있었다. 이후 원도심 경기 침체가 시작되었고, 인터넷 서점의 등장과 함께 서점들이 버티지 못하고 경영상의 이유로 하나둘 문을 닫기 시작했다. 지금은 국제서림만이 유일하게 목포 원도심에서 서점의 명맥을 이어오고 있다.

국제서림에도 위기가 있었다. 한자리에서 40년 넘게 서점을 하다가 지난 2015년부터 약 4년간 인근 상가로 자리를 옮겨야만 했다. 경영상의 어려움 때문이었는데, 2019년에 다시 원래의 위치로 되돌아왔다. 나는 국제서림 주변의 시장에서 태어나고 이 일대에서 줄곧 생활해왔다. 국제서림은 단순한 책방을 넘어서 지역의 상징이었고, 목포사람들의 추억 그 자체였다. 언제나 그 자리에 늘 있었던 국제서림이 위치를 잠시 옮겼을 때 마음이 좋지 않았다. '이제 국제서림마저도 제 위치를 지키지 못하는구나' 하는 생각이 들었는데, 의외로 그러한 아쉬움을 토로하는 사람이 많았다.

결국 서형곤 사장은 원래의 위치로 서점을 다시 옮겼다. 자신도 마음이 훨씬 편해졌는데, 무엇보다 동네 주민들이 더 좋아하는 것이 느껴졌다고 한다. 오랜만에 고향을 방문한 사람들은 '아직도 국제서림이 있구나' 하는 마음에 일부러 들어가서 책 한 권을 사가기도 한다.

서 사장은 단 한 번도 국제서림을 신도심으로 이전할 생각을 하지 않았다고 한다. 잠시 인근으로 위치를 옮겼다가 본 위치로 돌아왔을 때 이제 원도심에서 책방을 하는 것은 어렵다고, 상주인구가 많은 곳으로 옮기라는 소리를 많이 들었다. 그러나 아버지가 평생 서점을 했던 장소이고, 자신 외에도 국제서림은 이곳에 있을 때 더 빛난다고 생각하는 사람들이 많다는 점을 알게 되었기 때문이다.

그에게 서점 운영과 관련하여 이런저런 궁금한 점을 물어

봤다. 요즘도 책을 고르는 척 서서 그냥 책을 다 읽어버리는 사람이 있는지 물어보니, 솔직히 그런 사람이라도 많이 왔으면 좋겠다는 답변이었다. 책방에는 사람이 있어야 하는데, 요즘은 사람 자체가 없으니 그렇게라도 책방에 들어오는 사람이 있다면 언제나 환영이라는 것이다.

목포 원도심에 있던 대형서점들은 다 사라졌지만, 최근에 독립서점을 표방하는 작은 책방들이 생기고 있다. 서 사장에게 독립서점에 대해 어떻게 생각하냐고 물으니, 도매업까지 같이 하는 종합서점하고는 성격이 다르니 전혀 부담스럽지 않고, 그런 서점들이 많아졌으면 좋겠다고 한다. 작은 책방들이 많아진다면 거리의 풍경도 좋아지고, 책을 읽는 분위기가 만들어져 책 읽는 도시로 발전하는 데 좋은 활력소가 될 것이라고 말했다.

문학 도시의 전통을 이어가는 목포 독립서점

요즘 목포에는 인문학의 부활을 꿈꾸는 독립서점이 늘어나고 있다. 고호의 책방, 동네산책, 퐁당퐁당, 산책, 지구별서점 등 그 이름도 정겨운 작은 책방들이 원도심을 중심으로 곳곳에 자리 잡으면서 지역에 새로운 활력소가 되고 있다.

독립서점은 단순히 개인이 운영하는 작은 서점의 개념과는 다르다. 기업의 거대 자본이나 유통 구조에 의지하지 않고 서점 주인의 취향대로 꾸미고 운영하는 서점이라는 면에서 특징이 있다. 일반 대형서점에서는 찾아보기 힘든 기획도서들, 1인 출판작가들이 소량 발매하는 책, 손으로 직접 만든 책 등을 만날 수 있고, 독립서점을 운영하는 주인장과 대화를 통해 여러 가지 문학적 교감과 세상 살아가는 이야기도 나눌 수 있는 장점이 있다. 독립서점은 지역민들과 함께하는 소통의 공간이자 시민들의 풀뿌리 인문학 공간으로 조금씩 발전해가고 있다.

목포의 가장 대표적인 독립서점은 목포시립도서관 인근의 양옥을 개조하여 책방으로 만든 '동네산책'이다. 이곳은 윤소희 동화 작가가 목포에 정착하면서 남편과 힘을 모아 2년간의 노력 끝에 완성한 공간이다. 북카페도 함께 운영하고 있는데, 대화보다는 혼자 멍하니 생각에 잠기고 싶은 사람을 위한 책방을 표방하고 있다. 혼자서 책을 읽거나 독서 모임을 할 수도 있다. 동네산책의 특색은 읽던 책을 보관해주는 서비스가 가능하다는 것이다. 들고 다니기 무거운 책을 서점에서 보관해주고 아무 때나 자유롭게 와서 책을 읽을 수 있도록 도와주고 있다. 이른바 '북 키핑'이다. 운영자가 동화 작가니 무엇보다 읽을 만한 책을 추천받기도 좋고, 요즘 출판계의 흐름도 살필 수 있다.

목포 원도심의 명소인 코롬방제과 인근에 문을 연 '고호의 책방'에는 화가 고흐와 관련된 책들이 고흐의 명작과 함께 배치되어 있다. 운영자는 지역 신문사에서 오랫동안 활동한 베테랑 언론인이기도 하다. 책방 내에 1인 출판업무를 진행할 수 있는 공간을 만들어 누구나 자유롭게 이용할 수 있도록 했다. 자신만의 책을 만들고 싶은 꿈을 가지고 있는 사람들이 이곳 독립서점에서 그 꿈을 실천할 수 있도록 도와주는 역할을 병행하고 있다.

불종대 소공원 앞에 자리한 '지구별서점'에는 여행 관련 책이나 굿즈가 많이 있다. 북교동에 자리한 '산책'에서는 독립출판물과 수제 책들을 볼 수 있다. 화가가 운영하는 '퐁당퐁당'은 핑크색 공주 느낌의 작은 공간에 아기자기한 작품과 예쁜 책들로 꾸며져 있다.

독립서점들은 단순히 책만 판매하는 곳이 아니라, 지역공동체를 표방하면서 다양한 문화 활동을 전개하고 있다. 지난 2019년 4월 다섯 개의 독립서점과 전남 유일의 독립영화관

(시네마라운지MM)이 힘을 모아 협동조합 '독립공감'을 결성하였다. 협동조합을 만든 이유는 책과 독립서점을 통해서 지역과 공생하고, 함께하는 문화사업을 통해 목포를 책 읽는 도시이자 인문의 향기가 느껴지는 도시로 가꿔나가기 위함이다.

2019년 11월 그 첫 번째 열매가 맺어졌다. 독립서점 협동조합이 힘을 모아 목포근대역사문화공간에 '김우진 책방'을 조성한 것이다. 옛 전화부스를 재활용하여 김우진을 소재로 한 길거리 책방을 만들었다. 김우진과 관련된 책들을 누구나 자유롭게 꺼내어, 책방 옆 쉼터에서 편하게 책을 읽을 수 있게 했다. 또한 책방 옆에 김우진의 의자를 설치하여 포토존 기능도 겸하였다. 목포시민들은 김우진 책방에 이어 박화성, 차범석, 김현 등 목포 문인들의 이름을 딴 길거리 책방들이 곳곳에 생기기를 희망하고 있다. 이외에도 목포 독립서점에서는 저자 초청 북 콘서트를 꾸준히 개최하고 있다. 이색적인 목포 여행을 꿈꾼다면, 목포의 독립서점들을 탐방해보는 것도 좋을 것이다.

28 해양유물전시관

세계를 놀라게 한 해양유물의 보물창고

목포 갓바위 인근에는 문화의 거리로 불리는 박물관 밀집 지역이 있다. 영산강이 큰 바다로 흘러가는 길목에 해당하는 지역이라 바다가 보이는 주변의 풍광과 여러 박물관이 조화를 이루고 있다. 국립해양문화재연구소에서 운영하는 해양유물전시관을 비롯하여 목포문화예술회관, 자연사박물관, 목포문예역사관, 남농기념관, 생활도자박물관, 목포문학관, 전통옥공예전시관 등이 한자리에 있어서 목포에 대해 알고 싶은 이들이 반드시 거쳐야 하는 필수 코스다. 이 일대의 전시관들만 탐방해도 하루가 짧다.

다양한 목포의 박물관과 전시관

목포문화예술회관은 예향 목포의 예술을 감상할 수 있는 곳이다. 이곳에서는 목포에서 활동하는 예술가들의 전시회가 연중 열리고 있다.

자연사박물관은 아이들이 공룡 체험을 할 수 있는 공간으로 인기가 많다. 압해도에서 발견된 세계 최대 크기의 육식 공룡알(천연기념물 535호)을 비롯해 공룡·곤충·어류 등이 전시되어 있고, VR체험과 4D 영상시설도 갖춰져 있다. 청소년들의 수학여행과 어린이 현장 교육 장소로 인기가 높다.

생활도자박물관은 생활 도자의 메카인 목포에서 국내 최초로 조성한 생활 도자 전문박물관이다. 근대 생활 도자기의 발전사와 함께 다양한 체험 활동이 가능하다.

문예역사관은 옛 향토문화관이 이름을 바꾼 것으로 목포 문화예술을 종합적으로 소개하는 전시실과 수석, 화폐 전시실이 마련되어 있다.

남농기념관은 예향 목포를 이끌어온 한국화가 남농 허건의 작품을 전시하는 미술관으로 남화의 전통을 발전시킨 남농 허건과 소치 허련, 미산 허형 3대의 주요 작품을 감상할 수 있다.

목포문학관에서는 한국을 대표하는 목포 출신 문인 김우진·박화성·차범석·김현의 문학세계와 주요 작품이 소개된다. 전통옥공예전시관은 국가 중요무형문화재 전수교육관으로 조성된 것이다. 옥장(玉匠, 중요무형문화재 100호) 장주원의 옥공예 작품이 전시되어 있다. 옥공예 전통기법을 계승하면서, 전수를 위한 계승과 체험의 장으로 활용되고 있다.

마지막으로 내가 가장 추천하는 박물관인 국립해양유물전시관은 대한민국 해양유물 발굴의 역사가 담겨 있는 곳이고, 목포에서만 볼 수 있는 한국해양유물의 보고다.

한국해양유물 발굴의 시작

한국의 해양유물 발굴은 1975년 신안군 증도면 도덕도 해역에서 한 어부의 그물에 청자가 걸려 올라오면서 시작되었다. 이 일을 계기로 갯벌 속에 잠들어 있던 700년 전의 보물선을 인양하는 대대적인 작업이 시작되었다. 발굴 작업은 1976년부터 1984년까지 약 9년 동안 지속되었다. 신안해저유물의 발굴은 세계를 놀라게 한 사건이었고, 한국 해양사 연구에 새로운 촉진제가 되었다.

신안해저유물 발굴 사례는 국내 해저유물발굴의 시작을

알리는 사건이었다. 그 과정에서 여러 가지 우여곡절이 있었다. 어부의 그물에 도자기가 걸려서 올라왔을 때만 해도 바닷 속에 보물선이 있을 것이라는 상상은 하지 못했다. 오랜 세월 갯벌 속에 잠겨 있던 도자기에는 굴 껍데기를 비롯한 여러 가지 이물질들이 붙어 있어, 한눈에 봤을 때 그리 좋아 보이지 않았던 것 같다. 처음에는 주민들도 그리 값어치 있는 물건이라 생각하지 않았고, 주민의 신고가 접수된 후에도 단순히 보상금을 타려고 신고한 것이 아닌가 하고 거들떠보지 않는 상황이었다.

신안해저유물에 먼저 관심을 보인 사람들은 전문 도굴꾼들이었다. 도굴꾼들이 몰래 도자기를 불법 인양하여 밀매하는 상황이 포착된 후 문화재관리국에서 해군과 함께 본격적으로 '신안해저유물 발굴조사단'을 구성하였다. 처음 어부의 그물에 도자기가 올라온 시점에서 1년이 지난, 1976년 10월 26일부터 정식 발굴이 시작되었다.

인양된 유물은 도자기 20,661점, 금속제품 729점, 석제품 43점, 동전류 28t 18kg, 자단목 1,017개, 기타 574점과 침몰한 선체였다. 이 발굴에 세계 학계가 관심을 집중하였다. 발굴된 유물들은 중국 도자사의 편년을 재정리하게 할 정도로

새로운 역사 자료를 제공하였다. 또한 고대 무역선의 실체가
밝혀져 동양문화사 연구에 길이 빛날 업적으로 남았다.

이것이 계기가 되어 1981년 목포에 문화재청 산하의 해
저유물 보존 처리 시설이 개설되었고, 1993년에 현 국립해
양유물전시관이 문을 열었다. 2009년에는 '국립해양문화재
연구소'로 명칭을 개편하고 기구가 확대되었다.

700년간 바다에 잠들어 있던 보물선, 신안선

신안군 증도해역에서 발굴된 고대 선박은 흔히 '신안선'으로
불린다. 이 보물선의 정체는 700여 년 전 중국 원나라의 무
역선이었다. 발굴 당시 보물선의 성격에 대해 의견이 분분했
지만, 현재는 일본과 왕래하던 중국 배로 판단하고 있다. 인
양된 구리 저울에 '경원로(慶元路)'라는 지명이 새겨진 것이 있
어, 출항지가 절강성 영파(寧波)의 경원항일 것으로 추정되고
있다. 침몰한 배는 길이 약 28m, 너비 6.9m 정도의 목선이
었다. 해양유물전시관에 가면 복원된 신안선의 모습을 직접
볼 수 있다.

해양유물전시관은 우리나라 해역에서 직접 발굴한 수중
문화유산의 전시로 특화된 곳이다. 상설전시실은 1층 해양

교류실과 신안선실, 2층 세계의 배 역사실과 한국의 배 역사실 등 총 4곳이다. 지하에는 어린이 해양문화체험관과 기획전시실이 있다. 야외에는 우리나라의 전통 배와 실제 어업에서 사용되었던 어선이 전시되어 있다.

제1전시실인 해양교류실에서는 우리 선조들이 바닷길을 통해 일궈온 해양 교류의 역사와 의미를 살펴볼 수 있다. 바닷길을 이용한 교류, 바다에 잠긴 교역선, 수중 보물, 해상 활동의 자취 등 세 개의 주제로 구성되어 있다. 고려 시대 완도선과 달리도선, 십이동파도선에 대한 이야기로 꾸며져 있고, 발굴 당시 배와 함께 물품 꼬리표로 발견된 목간, 선상생활에 사용한 물건 등을 비롯하여 서해와 남해에서 발견된 다양한 종류의 도자기도 감상할 수 있다. 나아가 임진왜란 당시 명량대첩과 조선 시대 표류의 기록을 통해 전란의 흔적과 새로운 세계로의 역동적인 모험담을 엿볼 수 있다. 홍어 장수 문순득의 표류기로 유명한 『표해시말』의 원본도 이곳에 전시되어 있다.

제2전시실인 신안선실은 한국 최초의 수중 발굴 보물선인 신안선을 중심으로 해상 실크로드와 중세 동아시아 문화를 한눈에 볼 수 있도록 구성되어 있다. 복원된 실물 선박을

국립해양유물전시관 전시 모습 신안군 증도 해역에서 최초 발굴된 700년 전의 보물선
이 복원되어 있고, 해저에서 발굴된 다양한 해양문화재가 전시되어 있다.

중앙에 전시하고, 주변을 산책하듯 걸으면서 발굴 당시 인양된 무역품, 화물표, 공예품, 생활용품, 향신료, 한약재 등을 살필 수 있다.

2층에 마련된 전시실에서는 세계의 배와 한국의 배가 어떻게 발전해왔는지를 볼 수 있고, 지하 1층에 자리한 기획 전시실에서는 매년 해양 문화를 주제로 한 특별 전시가 마련된다.

목포 문화의 거리에 자리한 국립해양문화재연구소는 문화재청에 소속된 국립 기관으로서, 우리나라 수중 문화유산의 발굴과 보존을 위해 노력하고 있다. 이곳은 해양 문화재를 발굴하는 국내 유일의 전문연구소이며, 발굴된 수중문화재의 과학적 보존과 분석, 고선박(옛 침몰선)과 전통 선박 복원, 옛 선박의 조선술과 항해술 연구, 해양고고학적 유적지와 유물 조사, 섬 문화 연구, 전통 고기잡이 연구 등 여러 분야에서 성과를 이루고 있다.

국립해양문화재연구소의 본부와 해양유물전시관이 목포에 있는 것은 행운이다. 그 전시 수준이나 콘텐츠의 특화 측면에서 가히 세계적인 전시관이라고 자랑할 만한 곳이다.

28 목포시사

목포 지식인들이 꾸린 문학결사

목포시사(木浦詩社)는 개항 후 목포의 지식들이 만든 문학단
체다. 지식인과 문인들이 주로 한시를 지어 아름다운 목포의
경치를 노래하거나, 나라를 잃은 설움을 문학적으로 표현했
던 유서 깊은 공간이다.

목포시사는 유달산 등산로 정문 우측 일주도로에서 약
500m 직진 지점의 왼편에 자리하고 있다. 시사는 사전적으
로 시인들이 조직한 문학적 단체라는 뜻으로 해석되는데, 시
간을 거슬러 올라가면, 조선 시대의 시사는 서로 뜻이 통하
는 선비들이 모여서 계절에 따라 자연을 노래하고, 시를 읊
었던 풍류의 개념에서 출발했다.

이것이 발전되어 조선 말기에는 중인 계급이나 평민 계급

의 지식인들이 중심이 되어 만든 문학적 결사 성격으로 변하게 된다. 그 전통이 근대에도 이어져왔는데, 그 흔적이 목포에 남아 있는 목포시사이다. 현장에 1932년에 지은 유산정 건물이 남아 있어 1975년에 전라남도 기념물 제21호로 지정되었다.

목포시사의 뿌리, 유산시사

현 목포시사의 실질적인 모태는 1920년에 결성된 '유산시사(儒山詩社)'였다. 유산시사는 1920년 4월 29일에 창립되었는데 김성규, 최방현, 김현서 등 목포 유림들과 목포와의 왕래가 잦았던 진도·강진 지역의 문인들이 중심이 되었다.

유산시사가 공식적으로 설립되기 전에도 목포 지식인들의 작시(作詩) 활동은 활발했다. 개항 이후 지역의 문인들이 모여 '목포백전회'라는 이름의 '시회(詩會)' 활동을 하다가 1920년에 이르러 유산시사를 공식 설립하게 됐다. 시사 활동과 관련하여 기록으로 확인이 가능한 것은 1915년 10월부터이다. 김성규가 '목포백전회' 때 '목포만추사수'를 지은 것이 확인된다.

유산시사의 활동은 1932년 시사건물인 유산정(儒山亭)의

목포시사 건물 목포시사는 목포 예향의 뿌리라고 할 수 있다. 몇몇 유명 예술인의 업적이 아니라, 문화 예술을 즐기고 향유하는 사회적 풍토를 만들었던 곳이 목포시사다. 그 역대 구성원의 면모를 보더라도 근현대기 목포의 다양한 지식인들이 망라되어 있다.

창건을 계기로 활발해졌다. 유산정 건물의 낙성식은 1933년 3월 3일에 이루어졌다. 그 영향을 받아 1930년대 말에 목포 지역에는 보인시사(輔仁詩社)라는 또 다른 문학결사가 만들어 지기도 하였다. 이후 각자 활동을 해오던 유산시사와 보인시사가 합해져서 1961년부터 목포시사라는 이름을 사용하였다.

목포시사의 두 인물, 김성규와 정만조

목포시사의 발전에 중요한 영향을 준 인물로는 김성규(金星圭)와 정만조(鄭萬朝) 두 사람을 꼽을 수가 있다. 김성규는 조선 후기와 대한제국기의 관료로 목포에서 6대 무안감리를 지낸 인물이다. 목포 개항 후 개항장 업무를 전담하기 위한 관청으로 감리서가 설치되었는데, 감리는 그 책임자로 오늘날 목포시장에 해당하는 직책이다.

김성규는 1905년 2월 강원도 순찰사를 끝으로 퇴임한 후 목포에 정착하여 지역을 대표하는 유지이자 자본가로 변모하였다. 유산시사 초대 및 제3대 시사장으로 활동했으며, 재정적으로도 시사 창립과 발전에 크게 공헌하였다. 목포 북교동(현 북교동 성당)에 성취원이라는 저택을 짓고 목포에서 살았다. 김성규는 근대극의 선구자인 김우진의 아버지이며, 시사의 발전을 실질적으로 주도했던 인물이다.

　유산시사를 창립하고 유산정을 건립 및 보수할 때 가장 많은 후원금을 낸 인물이 김성규였다. 1933년 3월 3일에 초정 김성규가 유산정 낙성을 읊은 시가 남아 있기도 하고, 무엇보다 유산정의 현판 글씨를 김성규가 썼다. 현 목포시사 현판의 뒷면에 그 글씨가 그대로 남아 있는데, '유산정' 글씨와 함께 '계유년 3월 초 초정거사 김성규'라 적혀 있다.

　반면 정만조는 목포시사가 지역을 넘어서서 전국적인 시사로 명성을 얻는 데 도움을 준 인물이다. 정만조는 당대 최고로 뽑히는 한학자였는데, 1896년부터 1907년까지 12년 동안 진도에서 유배 생활을 했다.

　유배 시절 서남권 지역의 지식인들과 교류를 맺으면서 교육과 예술 부문에서 많은 영향을 끼쳤다. 그가 유달산을 직접 방문한 기록은 없지만 목포 개항 이후 진도와 목포가 뱃길로 긴밀하게 연결되었기 때문에 서신을 통해서도 지적 교류가 가능한 상황이었다.

　진도에서는 근대적 교육의 효시인 광신학교(光新學校)를 만들기도 하였고, 의제 허백련과 남농 허건의 호도 직접 지어준 것으로 알려져 있다.

　정만조는 1907년에 유배가 풀려 서울로 돌아갔으나, 1920년에 유산시사를 결성할 때 창립 회원으로 이름을 올렸다. 서울에서 활약하던 윤희구 등 한학자들을 유산시사의 회원으로 가입시켜 전국적인 명성을 얻는 데 기여했다. 또한 1932년 유산정 창건 때에 정만조가 상량문을 지었는데, 이 상량문 편액이 현재 목포시사 내에 걸려 있다.

　이러한 측면에서 정만조는 목포시사가 널리 알려지는 데 힘을 보태준 것으로 보인다. 그런데 그동안 정만조와 목포시사의 관계는 매우 과장되어 알려졌다. 마치 정만조 때문에 유산시사가 생겨났고, 모든 것이 정만조의 영향이라는 식으로 알려져왔던 것이다. 이는 목포시사를 운영하는 사람들이 정만조가 전국적으로 유명한 명사였기 때문에 그 이름을 활용한 탓으로 보인다.

　정만조는 진도 유배에서 풀린 후 친일인사로 변모했다. 국내 학계를 대표하는 반민족친일행위자로 『친일인명사전』에 등재되어 있다. 때문에 목포시사를 소개하면서 지나치게 정만조를 강조하면, 목포시사가 지니는 순수한 의미까지도 퇴색되는 느낌이 있다. 안타깝게도 아직도 목포시사 내부에는 정만조의 영정이 걸려 있다.

한편 1965년 역대 작품들을 수록하여 만든 문집인 『목포풍아집』에는 차남진, 허형, 허건 등 우리에게 익숙한 이름들이 등장하고 있어 목포의 많은 지역유지들과 문인들이 목포시사의 활동에 참여했음을 알 수 있다. 심지어 김대중 전 대통령이 쓴 한시 작품도 여기에 기록되어 있다.

문화유산으로서의 목포시사

목포시사는 창립 이후 목포백전회 등과 같은 이름의 시회(한시 백일장 같은 행사)를 꾸준히 개최하여 이 지방의 한문학 활동의 명맥을 계승해왔다. 지금도 매년 봄과 가을에 정기적으로 시회가 개최되고 있다. 목포시사의 규약에는 시에 뜻을 둔 사람이라면 남녀노소를 가리지 않고 입사할 수 있도록 명시되어 있다.

특히 일제강점기의 목포시사는 단순한 문인들의 모임을 넘어서서 지식인 소통의 장으로서 그 상징성을 지니고 있다. 원래 무안 지역에 속해 있던 목포는 개항되기 이전에는 수군 기지인 목포진이 있었던 곳으로 향교나 서원 같은 교육기관이 없었던 지역이다. 그 빈자리를 메꾸는 역할을 했던 곳이

목포시사다. 목포사람들의 정신사적인 측면에서 목포시사는
소중한 문화유산이다. 현재 목포시사 건물 내부에는 유산정
상량문, 유산정 중수기 등 36개의 편액이 걸려 있다.

30 오거리문화센터

일본 사찰이 중학교와 교회가 된 사연

목포 오거리에 자리하고 있는 오거리문화센터 건물은 원래
일본인들의 불교 사원인 동본원사(東本願寺)의 목포별원이
었다. 동본원사는 1898년 4월 목포가 개항된 이후 가장 빨
리 목포에 진출한 일본 불교였다. 구 일본영사관 부지에 임
시 포교소를 설치한 후 1904년 10월 현재의 위치로 이전해
왔다. 이 위치는 당시 일본인들이 밀집하여 거주했던 거류지
지역에서 약간 벗어나 있지만, 한국인과 일본인이 만나는 접
경지에 해당하여 사찰이 입지하기에는 좋은 곳이었다.

목포에 남아 있는 가장 큰 일본 사찰

동본원사 목포별원의 법당으로 사용된 현재의 석조 건물은

1930년대 초반에 신축된 것으로 추정된다. 1930년에 일본인들이 발간한『목포부사』에 '당우 개축에 관한 논의가 있어 일이 진행되었으나 아직 이루어지지 않았다'는 기록이 있기 때문이다.

전체적으로 목조 사찰 건물의 형태지만, 본 건물의 몸통에 해당하는 부분은 석조로 지어진 것이 특징이다. 근대 건물의 특징은 부재로 석조가 주로 사용되었다는 것인데, 이 건물은 목조와 석조가 결합된 형태의 독특한 사찰 건물이다.

동본원사 목포별원의 현재 모습 1930년대 초반 신축된 것이 지금에 이르고 있다. 지붕에는 일본 기와가 사용되었고, 건물 출입구 포치는 마치 일본 사무라이의 투구 형태를 띠고 있다.

1936년 기록(목포부세일반)에는 동본원사의 신도 수가 남녀 합쳐 839명인 것으로 기록되어 있다. 이는 목포에 설치된 일본 불교 사찰 중 서본원사, 통조사에 이어 세 번째로 신도가 많은 것이다. 당시 한국 사찰인 달성사의 신도가 320명으로 기재된 것을 보면 상당히 번성했던 사찰이었음을 알 수 있다.

동본원사는 전도 활동을 위해 일제강점기 목포에 거주하는 일본인들의 교육 사업에 힘을 기울였다. 일본인들의 소학교인 심상소학교(현 유달초등학교)를 맨 처음 설치하여 운영하다가 후에 거류민단에 이전하였다.

해방 후 정광중학교로 이용된 일본 사찰

해방 이후 동본원사 목포별원은 한국사찰인 정광사(淨光寺)로 변모하였고, 한국 불교 교화 운동의 중심지가 되었다. 일제강점기 한국 불교는 일본의 영향으로 매우 혼란스러운 양상이었다. 아내를 둔 대처승이 대부분일 정도였다.

이러한 혼란의 시기에 만암(송종헌) 대종사의 주도로 불교 교화 운동이 일어났다. 그는 오늘날의 백양사를 있게 한 장본인으로 조선 불교 제3대 교정을 역임한 바 있다.

이러한 흐름 속에 해방 이후 목포 정광사는 전국 각지에서 큰 스님들이 와서 법문을 설하는 장소가 되었고, 목포 시내 중심에 자리하고 있어 많은 이들의 발걸음이 이어지는 사찰이 되었다.

만암은 교육 불사를 통한 인재 양성 기관을 세우자고 제안하였다. 이후 백양사, 대흥사, 화엄사, 송광사, 선암사 등 호남 지역 5대 본사가 토지를 출연해 불교 교육 기관 설립을 추진하였다.

독립만세운동이 일어난 3월 1일에 맞춰 1946년에 이곳에 '정광중학교'를 개교하였다. 3년제 중학교로 인가를 받아 호남 인재 양성에 본격적으로 나서게 되었는데, 흥미로운 점은 『무소유』로 유명한 법정(속명 박재철)이 이때 정광중학교 학생으로 입학했었다는 점이다. 친척 중에 정광중학교 교사가 있었던 것이 계기였고, 이후 목포상업학교로 옮겼다. 법정이 불교와 최초로 인연을 맺은 곳이 바로 이곳인 셈이다.

이후 정광중학교는 1948년 3월 1일 목포에서 광주로 이전하였다. 이곳에서 학교가 운영된 시기는 짧았지만 해방 후 불교계를 교화하기 위한 개혁 운동의 중심에 구 동본원사 목포별원 건물이 있었고, 현 정광중학교의 출발점이었다는 점에서 남다른 의미가 있다.

교회가 된 일본 불교 사찰

해방 후 불교 교화 운동의 거점과 교육 기관으로 사용되던 구 동본원사 건물은 1957년에 목포중앙교회로 사용되기 시작했다. 원래 불교 사찰이던 곳에 십자가가 걸리고, 하나님을 섬기는 예배당으로 변모한 이색적인 약력이 만들어졌다.

목포중앙교회는 목포 개항 후 선교사들이 세운 양동교회에 이어 조선예수교장로회에서 두 번째로 세운 교회였다. 1933년에 발족하였고, 1935년에 죽동에 예배당(구 죽동교회)을 신축하여 운영하였다. 1957년에 죽동에 있는 교회 건물을 죽교리 교회에 팔고 오거리에 있는 이 건물을 인수하여 이전했다.

비록 일제강점기에 지어진 일본 사찰 건물이지만, 건물이 지어진 지 90년 가까운 세월이 흘렀다. 일본인들보다 목포사람들이 이 건물을 더 오랫동안 사용하고 아껴왔다는 것을 알수 있다. 단순히 일제강점기에 지어진 근대 건축물을 넘어서 목포시민들과 함께해온 근대문화유산이자 역사의 현장으로서 가치가 있다.

건물 마당에는 이곳이 5·18민주화운동과 관련된 사적지임을 알리는 기념비가 세워져 있다. 비문에는 '유신 독재 시

목포중앙교회로 사용되던 동본원사의 모습 해방 이후 교회 설립이 활발해지면서 일제강점기 일본 불교 건물이 교회 건물로 사용되는 사례가 많았다. 목포제일교회, 성산교회, 시온교회 등이 일본 불교 사찰 건물에서 예배를 시작했다.

대에서부터 양심적인 종교인들이 시국을 걱정하며 자주 모였던 곳이며, 80년 5·18 당시 재야인사와 목사들이 1차 회의를 하며 범시민투쟁을 결의하던 곳이다. 이후 6월 항쟁 및 민주화와 통일을 위한 각종 집회의 중요한 시발점이자 거점으로서의 상징적인 역할을 한 곳이다'라는 설명이 있다.

철거 위기를 극복한 오거리문화센터

사찰이었다가 교회로 사용되었던 독특한 이력을 지닌 이 건물은 현재 예향 목포시민들을 위한 오거리문화센터로 활용되고 있다. 이곳에서는 크고 작은 토론회와 전시회 등이 지속적으로 개최된다.

2007년 7월 3일 등록문화재 제340호로 등록된 이 건물도 한때 철거 위기에 처한 적이 있다. 원도심 경제 활성화 차원에서 목포시가 이 건물을 철거하고 주변에 주차 타워를 만들기로 한 것이다. 원도심 상인들의 숙원 사업이 상권 내에 주차장을 만드는 것이었다.

그러나 근대문화유산으로서의 가치와 일제강점기 식민지 문화상을 보여주는 유적으로 보존하자는 시민단체들의 목소리가 높아졌고, 목포시에서 이러한 여론을 수용하여 건물 철거 계획을 취소하였다. 지금은 목포의 근대문화유산을 찾는 역사탐방객들의 필수 코스로 활용되고 있다.

31 이훈동정원

호남 최대의 비밀 정원

유달산 남동쪽 기슭에 자리한 이훈동정원은 원래 1930년대에 목포에서 활동하던 일본상인 우치다니 만페이의 저택이었다. 해방 후 해남 출신 국회의원 박기배의 소유였다가 1950년대에 이르러 향토 기업인 조선내화 이훈동 회장이 인수하여 오늘에 이르고 있다.

이 정원은 바람에 날아온 씨앗이 떨어져 자연적으로 성장했다는 암수 향나무 등 희귀 수종들로 가득 차 있으며, 호남 지역의 개인 정원으로는 최대 규모로 알려져 있다. 각종 드라마 촬영지와 결혼사진 촬영 장소로 유명했던 이곳에서 여행의 특별한 추억을 남길 수 있을 것이다.

드라마 촬영의 명소, 이훈동정원

이훈동정원의 원주인인 우치다니 만페이는 일제강점기 목포에서 활동했던 대표적인 미곡상이다. 이훈동정원을 처음 방문하는 사람은 그 규모와 다양한 수종에 입이 떡 벌어질 것이다. 이렇게 엄청난 규모의 정원을 지은 것을 보면, 목포를 떠나지 않고 영원히 살 수 있을 것으로 생각했던 모양이다.

이 정원이 이처럼 아름다운 조경 상태를 유지할 수 있었던 것은 고 이훈동 회장의 노력 덕분이었다. 문화 활동에 남다른 취미가 있었던 이훈동 회장은 정원을 가꾸는 데 많은 투자를 했고, 새로운 나무도 계속 들여와 원래 있던 정원보다 규모를 훨씬 키웠다.

목포사람들에게 이훈동정원은 결혼사진을 촬영하는 장소로 인기가 높았다. 이국적인 분위기의 정원이 색다른 추억의 사진을 남기는 데 적합하기 때문이다. 또한 각종 드라마의 촬영장소로도 활용되었는데, 유명 드라마 '야인시대'나 '모래시계'를 이곳에서 촬영했다.

정원 안에 남아 있는 집의 형태도 매우 독특하다. 내부는 실생활에 맞게 개조가 되었지만, 외형은 최초 건립 당시의 일본 건축 양식이 잘 남아 있다. 정원의 상층부에 오르면 정

이훈동 정원 다양한 수종과 함께 일본 정원 양식과 후대에 가미된 한국 정원 양식이 복합되어 있다. 사시사철 아름다운 정원의 모습이 구경하는 이의 탄성을 자아낸다.

원과 저택 일대가 한눈에 내려다보이는데, 마치 거북이 등과 같은 느낌을 주는 형태이다.

이 집은 박정희 전 대통령과도 인연이 있다. 그가 목포에 왔을 때 이곳에서 머물렀다. 시간이 흘러 건물이 노후하자 이훈동 회장은 이 집을 헐고 새로 지을 계획이었는데, 어머니께서 그래도 대통령이 두 번이나 주무시고 간 곳인데 함부로 헐지 않으면 좋겠다고 해서 철거되지 않고 내부 보수를 통해 오늘에 이르렀다.

정원 곳곳에는 다양한 일본식 석등이 배치되어 있고, 일본식 다원정(茶園庭)의 필수 요소인 '연못 분수'도 있다. 일본 석등 외에 우리나라 전통 석탑도 조경 장식으로 사용되고 있는 점이 시선을 끈다.

정원의 정문 출입구 우측에 자리하고 있는 3층 석탑은 그 규모 면에서 문화재급 유물로 보인다. 석탑의 조성 연대는 정확하게 알 수 없으나, 일설에 무안군의 어느 암자에서 옮겨왔다고 전해온다. 전형적인 3층 석탑의 형태로 기단부, 탑신부, 상륜부로 구성되어 있다. 이훈동정원은 사유지이므로 방문을 위해서는 사전 허가를 받는 것이 필요하다. 한동안 매주 토요일 오후에 개방을 했는데, 너무 많은 관광객으로 인해 현재는 정기적인 개방이 중단된 상태이다.

예향의 향기, 성옥기념관

이훈동정원 앞에는 조선내화의 창업자이며, 〈전남일보〉 발행인을 지낸 성옥(聲玉) 이훈동의 기념관이 있다. 이훈동 회장의 88세 미수(米壽)를 기념하여 2003년에 자녀들이 건립하였다.

기념관에는 이훈동 회장이 생전에 수집한 근현대 미술 작품과 가족들의 소장품이 전시되어 있는데, 그 범위와 종류가 매우 다양하다. 예향 남도의 명인들이 남긴 수준 높은 작품들을 한자리에서 감상할 수 있다. 개인 소장품을 전시하는 곳이라 생각하고, 가볍게 기념관에 들어온 사람들은 전시된 작품들의 수준을 보고 깜짝 놀라기도 한다.

기념관은 중앙홀과 기록실, 3개의 전시실로 구성되어 있다. 중앙홀에 암모나이트 화석과 호랑이 박제, 기록실에는 조선내화 회사 연혁과 이훈동 회장의 개인 생애와 기업을 통한 사회 공헌 활동에 대한 전시물로 이루어져 있다.

1전시실은 각종 도자기가 전시돼 있다. 청자상감국화문병, 청화백자, 백자대호, 백자팔각호 등 대작들이 즐비하다. 2전시실은 수묵 작품이 중심을 이룬다. 추사 김정희, 석파

이하응, 소치 허련 등의 진품을 감상할 수 있다.

　3전시실은 한국화 명작들이 진열되어 있다. 남종화로 대변되는 한국 화가들의 작품이 중심이고, 한때 미술 교과서에 실려 유명해진 남농의 작품 '금강산 보덕굴'을 이곳에서 볼 수 있다. 최근에는 3전시실의 경우 현대 작품이나 기획전으로 교체 전시가 진행되기도 한다. 목포 출신으로 이탈리아에서 활동하고 있는 조각가 박은선의 작품도 감상할 수 있다.

대한민국 도슨트 · 목포 인문 지도

유달동·만호동·동명동
이로동·고하도

목포시청

원산동

산정동

용당1동

북항동

북항

죽교동

대성동

연동

유달동

목원동

동명동

유달산 11

목포의 눈물 노래비

노적봉

동명동 77계단 3

15

6

이훈동정원 31

구 일본영사관

민어의 거리

공생원 19

4

10

8

갑자옥 모자점 18

5

창성장

목포진 역사공원

14 구 동양척식주식회사

서 해

13

삼학도

7

연희네슈퍼

만호동

9 목포항

목포항국제여객터미널

목포해상케이블카

19 고하도 감하원 터

고하도

목포

16 고하도 이충무공기념비

354

상동

하당동

신흥동

이로동

9 목포항 : '목포는 항구다' 항구도시 목포의 대표 이미지, 매해 가을 목포항구축제가 열린다.

10 민어의 거리 : 목포 근대역사문화공간을 탐방하고 목포 9미 중 하나인 민어를 비롯한 다양한 항구의 맛을 맛볼 수 있는 곳

11 유달산 : 이충무공 동상, 오포대, 유선각, 조각공원, 해상케이블카 등 다양한 볼거리가 있는 목포의 어머니 산

13 삼학도 : 김대중 노벨평화상 기념관, 이난영 공원 등이 있는 목포사람들의 마음의 고향과 같은 섬

14 구 동양척식주식회사 : 일제 수탈의 상징이자 대한민국 해군의 역사를 담고 있는 장소. 현재 목포 근대 역사관 2관으로 사용 중

국립해양유물전시관
28 **20 갓바위**

화동

남항

15 목포의 눈물 노래비 : 우리나라 대중가요 1호 노래비

16 고하도 이충무공기념비 : 이순신이 선택한 요충지 고하도. 기념비에 일본인이 쏜 총의 흔적이 남아 있다.

3 동명동 77계단 : 일본 신사로 향하던 77개의 계단과 미로를 연상시키는 골목길 탐방

4 구 일본영사관 : 1900년에 지어진 목포에서 가장 오래된 근대 건축물. 현재 목포 근대역사관 본관으로 사용 중

5 목포진 역사공원 : 목포의 핵심 공간을 한눈에 담을 수 있는 목포 여행의 시작점

6 노적봉 : 유달산 등산로 맞은 편의 작은 봉우리. 주변의 노인암, 도적암과 연결된 이순신 장군의 전설을 알고 보면 더 좋다.

7 연희네슈퍼 : 아기자기한 골목과 목포 바다가 어우러져 한 폭의 그림 같은 곳. 영화 '1987' 촬영지

8 창성장 : 목포 도시재생의 상징이 된 게스트하우스

18 갑자옥 모자점 : 90년 된 갑자옥 모자점을 비롯해 김은주 공방, 구 동아부인상회, 구 화신연쇄점 등 근대 도시 목포의 면면을 살필 수 있는 거리

19 고하도 감화원 터 : 일제강점기의 인권침해가 해방 후까지 이어지던 감화원의 흔적

20 갓바위 : 영산강과 남해가 조각한 천연기념물. 평화광장. 춤추는 바다 분수가 있는 낭만공원

22 공생원 : 한국인 윤치호와 일본인 윤학자 부부가 설립한 목포 최초의 사회복지시설

28 국립해양유물전시관 : 신안 앞바다에서 발견된 보물선의 유물이 전시되어 있는 목포만의 특별한 전시관

31 이훈동정원 : 드라마 '야인시대'와 '모래시계' 촬영지로 유명한 호남지역 최대의 개인 정원

대한민국 도슨트 ・목포 인문 지도
목원동

1 목포역 : 호남선 종착역이자 유라시아 대륙횡단 열차의 출발역을 꿈꾸는 곳

2 김우진 거리 : 목포 모던보이 1세대이자 최초 예술인이었던 김우진의 흔적을 찾을 수 있는 거리

12 불종대 : 근대적 소방시설을 복원한 불종대 공원과 최초의 근대 교육기관인 북교초등학교, 최초의 공설 시장인 중앙식료시장을 함께 방문할 수 있는 곳

17 달성사 : 목포 문화재 중 유일하게 국가 보물로 지정된 목조 지장보살상을 감상할 수 있는 곳

21 호남은행 : 민족자본을 위해 설립되었으나 결국 일본 은행에 합병된 비운의 은행. 일제강점기에 지어진 건물은 현재 목포문화원으로 사용 중

23 보광사 미륵불 : 유달산의 바위를 그대로 살려 조각한 미륵불과 신비한 샘인 짓샘을 볼 수 있는 절

24 만인계 터 : 로또복권의 원조인 만인계 놀이문화를 계승하는 목포 원도심 도시 재생의 거점

25 양동교회 : 대한제국 마지막 연호사 새겨진 전남 최초의 교회

26 목포청년회관 : 일제강점기에 목포 시민의 힘으로 세운 항일운동과 노동운동의 사랑방. 목포 근대사를 알고 싶다면 반드시 들러야 할 장소

27 국제서림 : 70년 전통의 목포 대표 서점 명가

29 목포시사 : 목포 지식인들이 만든 문학 결사의 소통 공간이자 예향 목포의 뿌리

30 오거리문화센터 : 동본원사 일본 사찰이 중학교와 교회로 이용되기까지, 파란만장한 근현대사의 집약체

서 해

고하도

목포

죽교동

대성동

25 양동교회

2 김우진 거리

26 목포청년회관

12 불종대

보광사 미륵불
23

만인계 터 24

27 국제서림

1 목포역

목원동

오거리문화센터
30

유 달 산

달성사
17

29 목포시사

21 호남은행

동명동

목포해상케이블카

만호동

유달동

목포항

목포항국제여객터미널

대한민국 도슨트 · 목포 연표

1439	1597	1722	1895	1897
목포진 설치	**10월 29일** 이순신 장군의 고하도진 설치	고하도에 이충무공기념비 설립	목포진 폐진	**10월 1일** 목포항 개항

1913	1914	1915	1919	1920
목포역 설치	**1월** 호남선 개통	**4월 8일** 달성사 건립	**4월 8일** 목포독립만세운동 전개	**4월 29일** 유산시사 창립 **5월 9일** 목포청년회 조직 **8월 16일** 호남은행 목포지점 설립

1931	1932	1935	1939	1948
동아부인상회 목포지점 개점	무안군 이로면 일부 목포부로 통합	목포화신연쇄점 개점 목포의 눈물 노래 발표	**6월 11일** 고하도 감화원 개원	**2월 27일** 이충무공기념비 비각(모충각) 건립

1898	1900	1901	1904	1911
최초 목포부두노동 운동 발생	일본영사관 건물 완공	현 북교초등학교 목포로 이전	고하도에서 육지면 시험 재배 시작	현 양동교회 건물 완공

1921	1925	1926	1927	1928
동양척식주식회사 목포지점 신축	3월 목포청년회관 개관	1월 목포제유노조 파업 발생 11월 조선면업공진회 개최	6월 8일 신간회 목포지회 결성 갑자옥 모자점 개점	10월 30일 보광사 건립 공생원 운영

1967	1969	1974	1982	1987
12월 20일 고하도 감화원 폐쇄	목포의 눈물 노래비 조성	유달산에 이순신 동상 건립	10월 유달산 조각공원 개장	6월 민주헌법쟁취를 위한 6월항쟁 전개

대한민국 도슨트 · 목포 연표

1993	1997	1999	2001	2006
국립해양유물 전시관 개관	**12월 17일** 김대중 15대 대통령 당선	미관광장(현 평화 광장) 조성	제1회 목포세계마당 페스티벌 개최	제1회 목포해양문화축제 개최

2009	2012	2014	2019	
4월 27일 갓바위 천연기념물 지정	**6월** 목포대교 개통	목포진 역사공원 개장 구 일본영사관을 목포근대역사관 으로 사용하기 시작	**1월** 달성사 목조 지장보살상 및 시왕상 일괄 국가 보물로 지정 **3월** 목포시의 '맛의 도시 목포' 선포식 **6월 22일** 목포시 국제슬로우시티 인증 **9월 6일** 해상 케이블카 운영 시작	

참고 자료

고석규, 『근대도시 목포의 역사 공간 문화』, 서울대학교 출판부, 2004.

김경옥·최성환 외 공저, 『유달산 아래 작은 섬, 고하도』, 목포문화원, 2003.

김정섭 역, 『완역 목포부사』, 목포문화원, 2011.

김정섭 옮김, 『목포지』, 목포문화원, 1991.

목포개항백년사 편찬위원회, 『목포개항백년사』, 목포백년회, 1997.

목포문화원, 『국역 사적목포』, 2000.

목포시사편찬위원회, 『목포시사』, 목포시, 2017.

박찬승·고석규, 『무안보첩』, 목포문화원, 2000.

양승국, 『김우진, 그의 삶과 문학』, 태학사, 1998.

정훈, 『아름다운 유산』, HWB, 2013.

최성환 외, 『다시 보는 유달산』, 목포문화원, 1999.

최성환 외, 『목포의 역사와 이야기 100선』, 목포시, 2009.

최성환, 『목포의 심장, 목원동 이야기』, 목포시, 2016.

최성환, 「목포의 해항성과 개항장 형성과정의 특징」, 『한국민족문화』 39, 부산대
　　한국민족문화연구소, 2011.

최성환, 「개항초기 목포항의 일본인과 해상네트워크」, 『한국학연구』 26, 인하대
　　한국학연구소, 2012.

최성환, 「해항도시 목포의 예향성과 가요 '목포의 눈물' 활용사례」, 『한국민족문화』 46, 부산대 한국민족문화연구소, 2013.

최성환, 「1920년대 목포청년운동과 지역엘리트의 성격에 대한 연구」, 『순천향 인문과학논총』 35권 1호, 31-64, 순천향대학교 인문과학연구소, 2016.

최성환, 「목포 고하도 일제강점기 역사유적의 내력과 그 성격에 대한 고찰」, 『한국학연구』 61, 고려대 한국학연구소, 2017.

최성환, 「목포의 '로컬리티'로서 고하도 이충무공 문화유산의 전승 내력과 가치」, 『지방사와 지방문화』 21-2, 역사문화학회, 2018.

최성환, 「1919년 목포 4·8독립만세운동의 전개과정과 주요인물」, 『한국학연구』 69, 고려대 한국학연구소, 2019.

대한민국 도슨트
한국의 땅과 사람에 관한 이야기

다시, 한국의 땅과 한국 사람에 관한 이야기를 시작하다

이중환의 『택리지』, 김정호의 『대동지지』, 뿌리깊은나무 『한국의 발견(전 11권)』(1983)은 시대별로 전국을 직접 발로 뛰며 우리의 땅과 사람, 문화를 기록한 인문지리지들이다. 이 선구자들이 있었기에 우리는 오늘날까지 스스로를 보다 잘 이해하고 발전시켜올 수 있었다.

기록되지 않는 것은 시간이 흐르면 사라진다. 특히 정규 교과에서 깊이 다루지 않는 1970~80년대 이후의 한국은 젊은 세대에게는 미지의 영역이나 다름없다. 대한민국 도슨트 시리즈는 더 늦기 전에 한국의 오늘을 이야기하고자 한다.

하나의 지역이 한 권의 책으로

각 지역의 고유한 특징을 깊이 있게 담아내고자 독립된 시·군

단위를 각각 한 권의 책으로 기획했다. 그리고 목차는 답사하기 좋도록 대표적인 장소 중심으로 구성하였다. 오래된 문화유산과 빼어난 자연환경은 물론, 지금 가장 활발하게 움직이는 곳이나 역동적으로 태동 중인 곳들도 담아내려고 노력했다.

이들 장소에는 그곳을 거쳐간 수많은 사람들의 기억과 경험이 누적되어 있다. 그것들을 살려내 가급적 쉬운 언어로 풀어내고자 애썼다.

지역의 시선이 고스란히 담긴 특별한 안내서

각 지역의 도슨트는 해당 지역에 거주하거나, 지역과 깊은 연고가 있는 분들이다. 오랫동안 가까이에서 지역의 변천사를 지켜봐온 저자들이 유의미한 공간들을 찾고 고유한 이야기를 풀었다. 이 시리즈가 지역의 거주민들과 깊이 있는 여행을 원하는 이들 모두에게 새로운 발견과 탐구의 출발점이 되었으면 한다.

대한민국 도슨트 시리즈 목록

08 제주 동쪽 1만 8천 신들의 본향이자 강인한 해녀들의 땅인 제주 동쪽 성
산에는 우리가 기억하고 지켜야 할 것들이 있다.
한진오 지음

09 제주 북쪽 제주의 처음이자 끝인 산북은 제주 설룬 사람들이 모이는 곳
이고, 제주의 이야기가 시작되어 노래가 되어 감장돌다 허물
어지는 곳이다.
현택훈 지음

 * 대한민국 도슨트 시리즈는 계속 출간됩니다.
** 발간 순서는 사정에 의해 변경될 수 있습니다.

대한민국 도슨트 03

목포

1판 1쇄 발행 2020년 1월 16일
1판 2쇄 발행 2023년 6월 1일

지은이 최성환
펴낸이 김영곤
펴낸곳 ㈜북이십일 21세기북스

책임편집 조문경
문학팀 김지연 임정우 원보람
출판마케팅영업본부장 민안기
마케팅2팀 나은경 정유진 박보미 백다희
제작팀 이영민 권경민
디자인 02정보디자인연구소
일러스트 최아라

출판등록 2000년 5월 6일 제406-2003-061호
주소 (10881) 경기도 파주시 회동길 201(문발동)
대표전화 031-955-2100 팩스 031-955-2151 이메일 book21@book21.co.kr

ⓒ최성환, 2019

ISBN 978-89-509-8540-0 04900
        978-89-509-8258-4 04900 (세트)